責任編輯　陳翠玲
書籍設計　彭若東

書　　名　馮友蘭先生評傳
著　　者　蔡仲德
出版發行　三聯書店（香港）有限公司
香港鰂魚涌英皇道1065號1304室
JOINT PUBLISHING（H.K.）CO., LTD.
Room 1304, 1065 King's Road,
Quarry Bay, Hong Kong.
印　　刷　深圳市森廣源（印刷）有限公司
深圳市福田區天安數碼城五棟二樓
版　　次　2005年1月香港第一版第一次印刷
規　　格　特16開（152×228mm）196面
國際書號　ISBN 962·04·2419·0

Published in Hong Kong

馮友蘭先生評傳

蔡仲德 著

三聯書店(香港)有限公司

◎ 目錄

附錄

馮友蘭先生評傳

一、馮友蘭小傳

中國現代哲學家、哲學史家、教育家馮友蘭先生，1895年12月4日（農曆十月十八日）生於河南省唐河縣祁儀鎮。先生字芝生。先世原籍山西高平縣，清康熙年間至唐河經商，遂定居於此，百餘年間，繁衍為當地望族。父諱台異，字樹侯，號復齋，清光緒戊戌科進士，伯父、叔父皆秀才。台異公曾任張之洞所辦武昌方言學堂會計庶務委員，被委勘測粵漢、川漢鐵路路線，又曾任湖北崇陽知縣。母吳氏，諱清芝，字靜宜，通文墨，富識見，善持家，曾任唐河端本女學學監。

先生6歲入私塾，依次讀《三字經》、《論語》、《孟子》、《大學》、《中庸》、《詩經》，亦讀可稱新學之地理普及讀物《地球韻言》。9歲，隨母至武昌父親任所，由母親課讀《書經》、《易經》、《左傳》、《禮記》及台異公編撰之歷史、地理講義。12歲，移家崇陽，隨教讀師爺學古文、算術、寫字、作文，開始接觸《外交報》等新報刊。次年，父病故，隨母扶柩返故里，仍讀私塾。此後，先生與弟景蘭（後為地質學家）、妹沅君（後為作家、古典文學專家）皆由吳太夫人教育成人。故先生曾言："母親是我一生中最敬佩的人，也是給我影響最大的人。"[1]

1910年，考入唐河縣立高等小學預科。次年，以第一名考入開封中州公學中學班，1912年，轉入武昌中華學校，同年底考入上海中國公學預科。次年，因喜好邏輯而立志學哲學。1915年夏，自中國公學預科畢業，考入北京大學法科，入學後轉文科哲學門。1917年，蔡元培長北大，任陳獨秀為文科學長，胡適等為教授，北大遂由官僚養成所一變而為新文化運動之基地，先生亦頗受影響。1918

年，先生由北大畢業，於開封與任載坤結婚，任河南第一工業學校語文、修身教員。同年，與友人創辦《心聲》雜誌，以響應"五四"運動。1920年初，留學美國，入哥倫比亞大學研究院哲學系，師從杜威、伍德布利奇、蒙太格等。次年，於哥大哲學系宣讀論文《為什麼中國沒有科學》。1923年，通過博士論文答辯，回國。

回國後，任開封中州大學教授兼哲學系主任、文科主任。1924年，博士論文《人生理想之比較研究》(英文) 出版，獲哥大哲學博士學位。次年秋至廣州，任中山大學教授兼哲學系主任。1926年初，改任燕京大學哲學系教授，開始講授中國哲學史。

1928年秋，應羅家倫之邀，至清華大學任哲學系教授，先生在此找到了安身立命之地。1929年起任清華大學哲學系主任，1931年起，任清華文學院院長，直至1949年。抗戰期間，清華大學與北京大學、南開大學遷至昆明，合併為西南聯合大學，先生又任聯大文學院院長。在此期間，先生曾出版《中國哲學史》上下冊（上冊1931年，下冊1934年），出版《新理學》、《新事論》、《新世訓》、《新原人》、《新原道》、《新知言》(1939至1946年，合稱"貞元六書")，確立了在學術界的地位。在此期間，先生還曾兩次出國。一次為1933年至1934年，赴英國講學，赴歐洲大陸考察。回國後曾分別在燕京大學、北京大學、清華大學作題為"在蘇聯所得之印象"、"秦漢歷史哲學"之講演，宣傳唯物史觀，對蘇聯與社會主義表示好感，因此曾遭逮捕。另一次為1946年應邀赴美，任賓夕法尼亞大學、夏威夷大學客座教授，用英文講中國哲學史，此講稿即後來之《中國哲學簡史》，在此期間接受了普林斯頓大學贈予之名譽博士學位，1948年回國。1942年，先生已是教育部部聘教授，1948年又任中央研究院院士。同年秋，曾往南京出席中央研究院第一屆院士會議，並當選為研究院評議會委員。是年12月中，梅貽琦(原清華大學校長）離開清華，先生任校務會議臨時主席，主持清華日常工作。

對社會主義與唯物史觀的好感使先生易於接受馬克思主義，對國民黨政權的失望更使先生寄希望於共產黨，因而1949年後他曾致函毛澤東，表示要用馬克思主義觀點重新寫一部中國哲學史。但他對思想改造並無充分思想準備，也不善於處理新形勢下學術與政治的關係。1949年5月，中共北京市軍管會決定成立清華大學校務委員會，任命先生為委員。同年9月，先生辭去清華大學哲學系主任、文學院院長、校委會委員等職。1950年8月，哲學界開始批判先生的思想，同年10月，先生開始自我批判。1951年底，先生參加中國文化代表團訪問印度、緬甸，接受德里大學名譽文學博士學位。1952年初回國後，在思想改造運動中，多次檢查1949年前言行，未能通過。院系調整後，清華文科被取消，哲學系合併於北京大學，先生竟僅評為四級教授。此後又是連年接受批判、自我批判。1954年後評為一級教授，受聘為中國科學院學部委員、常務委員，但批判始終不斷。故先生自己曾總結説，1949年後的十餘年中“也寫了一些東西，其內容主要的是懺悔，首先是對我在四十年代所寫的那幾本書的懺悔。並在懺悔中重新研究中國哲學史，開始寫《中國哲學史新編》。”[2]但先生也曾力爭發表一些並非懺悔的見解與主張。這些見解與主張剛一提出，便受到批判。其中較重要的有兩次。一次是於1957年初發表《中國哲學遺產的繼承問題》，提出應區分哲學命題的具體意義與抽象意義（即所謂“抽象繼承法”），反對強調具體意義，反對對哲學遺產否定過多，力圖為傳統文化保留地盤。另一次是於1958年發表《樹立一個對立面》，不同意大學培養普通勞動者的“教育革命”主張，強調綜合大學哲學系仍應培養專搞或多搞理論的哲學工作者。

“文化大革命”中，先生遭受種種迫害，苦不堪言。後因毛澤東發表有關指示，處境略有改善。為了生存下去，寫成《中國哲學史新編》，遂響應毛澤東號召，參加“批林批孔”運動，批判自己的尊孔思想，也以“評法批儒”觀點寫了一些詩文。先生本衷心信任毛澤東、共產黨，盡量説服自己相信以毛澤東、共產黨名義推行的一切。不料“四人幫”粉碎後，竟又一次遭到批判，先生與毛澤東的關係被歪曲為與“四人幫”的關係，還被加上一些莫須有的罪名。任夫人又於此時在批判聲中病故。外界的壓力、內心的悲痛促使先生猛醒，他總結以往的教訓，決心今後“修辭立其誠”、“海闊天空我自飛”，“只寫我自己……對於中國哲學和文化的理解和體會，不再依傍別人”[3]，也就是不再參加思想改造。

1979年，先生堅持拋開“文革”前已出版的兩本《新編》，以84歲高齡從頭開始寫七卷本《中國哲學史新編》。此後的歲月，除1982年曾出訪美國，接受母校哥倫比亞大學贈予之名譽博士學位以外，其他時間都集中於《新編》的寫作，政協會議也不出席（先生是全國政協第六、七屆常委）。此《新編》寫作的過程也就是他“修辭立其誠”、“海闊天空我自飛”的過程。故《新編》所見迭出，每與時論不合。先生嘗言，“如果有人不以為然，因之不能出版，吾其為王船山矣”[4]。1990年7月，先生終於實現宏願，以95歲高齡完成《新編》。

1990年11月26日，先生與世長辭。

回顧先生近一個世紀的歷程，可將其分為三個時期：1948年前為第一時期，1949年至1976年為第二時期，1977年至1990年為第三時期。先生自己曾將畢生事業總結為“三史釋今古，六書紀貞元”。其中之“三史”是指所著三部哲學史，即《中國哲學史》、《中國哲學簡史》以及《中國哲學史新編》；“六書”則指抗戰期間所寫

《新理學》等“貞元六書”。如從三個時期考察“三史”、“六書”的寫作，便可發現，先生在第一時期寫了二史、六書，確立了自己的學術地位；在第二時期，於懺悔中寫了兩冊《新編》；在第三時期，他否定了第二時期所寫的兩冊《新編》，從頭開始寫作，完成了七冊《新編》，作出了新的貢獻。這就表明，先生一生的三個時期，分別是他實現自我、失落自我、回歸自我的時期(但應指出，先生的第二時期並未完全失落自我，第三時期則於回歸中既有修正又有發展，所謂“失落”、“回歸”是就大體而言）。先生的歷程是中國現代知識分子苦難歷程的縮影，也是中國現代學術文化曲折歷程的縮影，具有典型意義。

二、馮友蘭對中國現代學術文化的貢獻

（一）“三史”是對中國哲學史領域的貢獻

三十年代出版的《中國哲學史》兩卷本是第一部完整的具有現代意義的中國哲學史，其成就遠在胡適《中國哲學史大綱》上卷（下卷始終未出版）之上。陳寅恪先生曾評論此書，以為“取材謹嚴，持論精確。……今欲求一中國古代哲學史，能矯附會之惡習，而具瞭解之同情者，則馮君此作庶幾近之”，“此書作者取西洋哲學觀念，以闡紫陽之學，宜其成系統而多新解”[5]。此書的基本架構已為中國哲學史界普遍接受，此書的許多觀點（如名家應分為惠施之“合同異”、公孫龍之“離堅白”兩派；“二程”思想不同，分別為心學、理學之先驅；又如程朱異同，陸王異同，朱王異同；等等），均為前人所未

發，後人所不能改變，已成為學術界的定論。此書是中國哲學史學科的奠基之作。

1948年以英文在美國出版的《中國哲學簡史》，在《中國哲學史》與“貞元六書”基礎之上，冶哲學史經驗與哲學心得於一爐，以二十萬字述幾千年中國哲學史，簡明，生動，出神入化，確如其自序所說“譬猶圖畫，小景之中，形神自足。非全史在胸，曷克臻此”。

此二史均有多種譯本，已成為各國大學通用之基本教材。故李慎之先生有云：“如果說中國人因為有嚴復而知有西方學術，外國人因為有馮友蘭而知有中國哲學，這大概不會是誇張。”[6]

《中國哲學史新編》前六冊均由人民出版社於1982—1989年出版，第七冊台灣、香港已經出版，人民出版社以其中有對毛澤東的評論至今沒有出版。與兩卷本相比，《新編》有顯著特色，一是它不以人為綱而以時代思潮為綱，是“以哲學史為中心而又對中國文化史有所闡述的歷史”；二是以共相與殊相、一般與特殊問題為基本線索，貫穿整部中國哲學史；三是着重闡述中國哲學史中關於人的精神境界的學說，以之貢獻於今日中國，貢獻於人類世界。與兩卷本相比，《新編》還提出了許多新見，如認為玄學的主題“有”、“無”是“異名同謂”，據此分析，可說明玄學發展的三個階段，即“貴無”、“崇有”、“無無”；認為佛學的主題是主觀唯心主義與客觀唯心主義的鬥爭，以此為線索，可說明佛學發展的三個階段，即“格義”、“教門”、“宗門”；認為道學的主題是講“理”，其中分程朱理學、陸王心學、張王氣學三派；道學又分為前後兩期，用黑格爾的三段法說，前期二程是肯定，張載是否定，朱熹是否定之否定，是前期之集大成者；後期朱熹是肯定，陸王是否定，王夫之是否定之否定，是後期之集大成者，也是全部道學之集大成者。《新編》還有許多“非常可怪之論”，如認為太平天國要在中國實行神權政治，這會使中國歷史倒退，曾國藩打敗太平天國，使中國避免倒退，是一大功績；認為毛澤東一生分為三個階段，第一個階段是科學的；第二個階段是空想的；第三個階段是荒謬的。其第二階段的思想來自馬克思主義的空想部分，認為存在兩種辯證法，一種是中國傳統的"仇必和而解"的調和哲學，另一種是"仇必仇到底"的鬥爭哲學，人類不會永遠走"仇必仇到底"的道路，這就是中國哲學對世界哲學的貢獻。

（二）"六書"則是對中國現代哲學的貢獻

"六書"是一個整體，可視為一部書的六個章節。

《新理學》是"六書"的總綱，是其中的自然觀、宇宙觀、形上學，它由"理"、"氣"、"道體"、"大全"這四個觀念推出四組命題，認為宇宙由形而下的"實際"與形而上的"真際"構成，"真際"比"實際"更廣闊，因為可能"真際"中有某理而"實際"中尚無此事物，而不可能"實際"中有某事物而"真際"中尚無此理；"真際"又比"實際"更根本，因為必須先有理然後才有事物。它所討論的其實就是哲學中的"共相"與"殊相"、一般與特殊的關係問題，其結論是"理在事先"，理先於具體事物而有，理比具體事物更根本(先生後來承認正確的結論應該是"理在事中")。

《新事論》又名"中國的自由之路"，是"六書"中的社會觀，是《新理學》觀點在社會問題中的應用。它根據唯物史觀，認為人類社會的基本類型是共相，各異的民族特性是殊相，每一國家均可由某一類型轉化為另一類型，這就是共相寓於殊相之中。就當代中國而言，當務之急是從"以家為本位的社會"向"以社會為本位"的社會轉變，轉變的關鍵則是實行產業革命，實行工業化，這就是"中國的自由之路"。

《新世訓》是"六書"中的生活方法論與道德修養論，主要是選擇中國傳統生活方法論、道德修養論中具有普遍意義者加以現代意義的闡釋。

《新原人》是“六書”中的人生哲學。它認為人對宇宙人生的不同程度的覺解構成不同的人生境界，大致說來，有四種境界：一是自然境界，即一切順從本性或習慣，對宇宙人生毫無覺解；二是功利境界，即為私、為個人的利益而生活；三是道德境界，即為公、為社會的利益而生活；四是天地境界，即覺解宇宙、“真際”，徹底瞭解人生的意義，為宇宙的利益而生活，以至與宇宙合一，達到“極高明而道中庸”的理想境界。其中前兩種境界是自然的賜予，後兩種境界是精神的創造，而哲學的功用就在於提高人的覺解，使之達到道德境界、天地境界。

《新原道》是“六書”中的哲學史觀，其副題為“中國哲學之精神”，它的主旨則是“述中國哲學主流之進展，批判其得失，以見新理學在中國哲學史中之地位”。

《新知言》是“六書”中的方法論，它總結中西哲學史的經驗，強調哲學方法應是“正的方法”（說某物是什麼）與“負的方法”（“烘雲托月”法，不說某物是什麼，而只說它不是什麼）的結合。

以上六書構成一個完整的哲學體系，先生稱之為“新理學”體系，因為它主要是“接着”程朱理學講的，本質上屬於新儒學中的理學一系。但它並無門戶之見，而是“承百代之流，而會乎當今之變”，對理學與心學、氣學，對儒家與道家、墨家、玄學乃至禪宗皆既有所取，也有所棄。同時它又接受西方柏拉圖哲學、新實在論與馬克思主義的某些因素，試圖運用邏輯分析方法解決中國哲學問題。“新理學”體系是中國哲學現代化的可貴成果，先生因此成為少數幾位思想自成體系的中國現代哲學家之一。

（三）此外，先生還在以下三個方面對中國現代學術文化作出了貢獻

1. 在文化問題上的貢獻

先生曾說："我生活在不同的文化矛盾衝突的時代。我的問題是如何理解這個矛盾衝突的性質，如何處理它們，以及在這個矛盾衝突中何以自處。"[7] 這其實也是中國文化一百多年來所面臨的問題。先生對這一問題作出了自己的回答。

1934年，他在布拉格召開的第八屆國際哲學大會上宣讀論文《哲學在當代中國》，其中說，五十年來對新舊文明（即中西文化）的解釋與批評經歷了三個階段，第一階段以戊戌變法為標誌，主要精神是用舊的眼光批評新的；第二階段以"五四"新文化運動為標誌，主要精神是用新的眼光批評舊的；第三階段以1926年的民族運動為標誌，其精神並不是用另一種文明的眼光去批評某種文明，而是用另一種文明去闡明某種文明，使兩種文明都能被人更好地理解。先生讚賞第三階段的精神，他說："我們把它們（指中西文化——蔡按）看作人類進步同一趨勢的不同實例，人類本性同一原理的不同表現。這樣，東方西方就不只是聯結起來了，它們合一了。……希望不久以後我們可以看到，歐洲哲學觀念得到中國直覺和體驗的補充，中國哲學觀念得到歐洲邏輯和清晰思想的澄清。"[8]

1940年，他在《新事論》中對此前出現的"全盤西化"論與"中國本位文化"論提出批評，認為它們"俱是說不通，亦行不通底"。他從"新理學"體系"別共殊"的觀點出發，認為各國文化之間既有相同的基本類型，也有各異的民族特性，前者是文化的時代性，後者是文化的民族性。以此觀點比較中西文化，便可發現"一般人心目所有之中西之分，大部分都是古今之異。……西洋文化之所以是優越

底，並不是因為它是西洋底，而是因為它是近代底或現代底。我們近百年來之所以到處吃虧，並不是因為我們的文化是中國底，而是因為我們的文化是中古底”。以此觀點處理中西文化關係，處理中國傳統文化與現代化的關係，便應認識中國文化的任務是由前現代文化向現代文化轉型，而西方文化已經完成這一轉變，故應向西方學習。但所學應是西方文化中對現代化具有普通意義的東西，而不是西方文化的民族特性，故其中與現代化相關的主要部分是我們需要吸取的，與現代化無關的偶然部分（或曰民族特性）是我們不必吸取的。同理，中國傳統文化中與現代化相衝突的部分是我們應當改變的，與現代化不相衝突的部分是我們不必改變的。就與現代化相衝突者均需改變而言，這種改變是全盤的；就與現代化不相衝突者均不必改變，只改變文化類型而不改變民族特性而言，這種改變又是中國本位的[9]。

1948年他在《中國哲學與未來世界哲學》一文中說，西方哲學中有神秘主義而不夠神秘，中國哲學則邏輯分析方法從未得到充分發展，“在我看來，未來世界哲學一定比中國傳統哲學更理性主義一些，比西方傳統哲學更神秘主義一些。只有理性主義與神秘主義的統一才能造成與整個未來世界相稱的哲學”，而中國哲學對未來世界哲學所可能作出的貢獻，則是“在日常生活之內實現最高的價值，還加上經過否定理性以‘越過界線’的方法（即“負的方法”——蔡按）”[10]。

以上是先生處理中西文化關係的理論，“新理學”體系則是這一理論的實踐。故張岱年先生曾說：“當代中國哲學界最有名望的思想家是熊十力先生、金岳霖先生和馮友蘭先生，三家學說都表現了中西哲學的融合。……在熊氏哲學體系中，‘中’層十分之九，‘西’層十分之一。……金先生的體系可以說是‘西’層十分之九，‘中’層十分之一。唯有馮友蘭先生的哲學體系可以說是‘中’、‘西’各半，是比較完整的意義上的中西結合。"[11]這種中西結合的理論與實踐表明，先生具有極為開闊的視野與胸襟，既打通了儒、墨、道、玄、禪的界限，也打通了中西的界限。這無疑有助於今天正確對待中西哲學文化關係，有利於中國文化由前現代向現代的轉型。

2. 在史學方面的貢獻

先生曾在三十年代明確提出"釋古"主張，這是針對史學界存在的"信古"傾向，尤其是針對"疑古"傾向而提出的。

二三十年代，以胡適、顧頡剛為代表的"疑古"思潮正盛行一時，七冊《古史辨》便是其集大成之成果，其影響所及，至於古書無不可疑，"東周以前無史"。而王國維、郭沫若則與"疑古"派不同，前者提出了"二重證據法"(以考古發現補正古籍材料)，後者以此為基礎，運用新的理論以研究古代社會，取得重大成果。

先生於是在1935年總結上述狀況而提出"釋古"主張，認為"中國近年研究歷史之趨勢，依其研究之觀點，可分為三個派別：(一)信古，(二)疑古，(三)釋古，'信古'派盲目信古，以為古書所載皆真，毫不懷疑，最缺乏批判精神；'疑古'派之審查史料工作對史學不無相當貢獻，但他們以為古書多非可信，以至抹殺一切，是其短處；'釋古'派則較為科學，既不盡信古書，也不全然推翻古書，以為'古代傳說雖不可盡信，然吾人可因之以窺見古代社會之一部分之真相'"；同時認為"疑古一派的人，所作的功夫即是審查史料。釋古一派的人所做的工作，即是將史料融會貫通。就整個的史學說，一個歷史的完成，必須經過審查史料及融會貫通兩階段，而且必須到融會貫通的階段，歷史方能完成。……由此觀點看，無論疑古釋古，都是中國史學所需要的"[12]。先生又曾說，"清朝人研究古代文化是'信古'，要求遵守家法；'五四'以後的學者是'疑古'，他們要重新估定價值，喜作翻案文章；我們應該採取第三種觀點，要在'釋古'

上用功夫，作出合理的符合當時情況的解釋。研究者的見解或觀點儘管可以有所不同，但都應該對某一歷史現象找出它之所以如此的時代和社會的原因，解釋為什麼是這樣的”[13]。

先生的《中國哲學史》和其他二史便是上述“釋古”主張在哲學史領域的實踐。這種主張與實踐在今天的史學研究中仍具有重要意義，近年史學界有學者在討論走出“疑古”時代時，越來越多地注意到先生的有關思想。

3. 在教育方面的貢獻

這方面的貢獻又可分為三點。

第一，從事哲學教學六十餘年，培養了一代又一代哲學與哲學史專家學者。

第二，作為清華大學校秘書長、校務會議成員與代理主席，協助校長羅家倫、梅貽琦促成清華教育獨立[14]，並對清華基本建設的發展與教授治校[15]、兼容併包學術自由傳統的形成有所貢獻。

第三，擔任清華大學文學院院長十八年，倡導並形成了在全國高校中獨樹一幟的清華學派。關於清華學派，王瑤先生曾概括其特點為“對傳統文化不取籠統的‘信’或‘疑’的態度，而是在‘釋古’上用功夫，作出合理的符合當時情況的解釋。為此，必須做到‘中西貫通，古今融匯’，兼取京派與海派之長，做到微觀與宏觀結合”[16]。先生自己則曾說：“國學研究所的學生與清華舊制的學生，大部分是格格不入底。我們若沿用普通所謂‘中西’、‘新舊’的分別，我們可以說，研究所的學生是研究‘中國底’‘舊’文化，舊制的學生是學習‘西洋底’‘新’文化。他們中間有一條溝。到清華大學時代，國學研究所取消了，舊制學生也都畢業出國了。可是上面所說底那兩種精神仍然存留，而且更加發揚。他們中間底那條溝也沒有了。兩種精神成為一種精神了。這是清華大學時的特色。清華大學之成立，是中國人要求學術獨立的反映。在對日全面抗戰開始以前，清華的進步，真是一日千里，對於融合中西新舊一方面也特別成功。這就成了清華的學術傳統。”[17]這種特色與傳統在先生任主任的哲學系表現尤為鮮明，故先生曾介紹說：“本系同人認為哲學乃寫出或說出之道理。一家哲學之結論及其所以支持此結論之論證，同屬重要。因鑒於中國原有之哲學，多重結論而忽論證，故於講授一家哲學時，對於其中論證之部分，特別注重。使學生不獨能知一哲學家之結論，並能瞭解其論證，運用其方法。又鑒於邏輯在哲學中之重要及在中國原有哲學中之不發達，故亦擬多設關於此方面之課程，以資補救。因此之故，本校哲學在外間有邏輯派之稱。”[18]當時的清華文學院，哲學系有馮友蘭、金岳霖、張崧年（申府）、張岱年等，中文系有朱自清、聞一多、楊樹達、王力等，歷史系有陳寅恪、蔣廷黼、錢稻孫、雷海宗等，外文系有王文顯、陳福田、吳宓、葉公超等，社會學系有陳達、吳景超、潘光旦、李景漢等，學術力量極為雄厚。這些全國一流的學者又培養出了一大批學貫中西的優秀學生，他們後來也都成為全國一流的學者，將學術文化繼續推向前進。王瑤曾“直言不諱地批評院系調整將清華中文系取消是‘一大損失’，‘因為它不是一個大學的一個系，而是一個富有鮮明特色的學派’”[19]，此話同樣適用於整個清華文學院，取消清華文學院更是難以彌補的重大損失！

作為一位哲學家、哲學史家和教育家，先生一生寫了三十多部書，五百多篇文章，共七百萬言（僅就已發現者而言），已編為《三松堂全集》。此外他還寫有《馮友蘭英文著作集》與《莊子·內篇》英譯。

先生曾說，所有這些著作都是“跡”，而不是“所以跡”。那麼，什麼是先生的“所以跡”呢？他說：“我經常想起《詩經》有兩句詩，

‘周雖舊邦，其命維新’。中國處在現在這個世界，有幾千年的歷史，可以説是一個‘舊邦’。這個舊邦要適應新的環境，它就有一個新的任務，即在新的歷史條件下，在這塊古老的土地上，建設新的物質文明和精神文明，這就是‘新命’。……怎麼樣實現‘舊邦新命’，我要作自己的貢獻，這就是我的‘所以跡’。”[20]此“所以跡”就是愛國情懷與文化使命感，它們是先生寫作的巨大動力。

此“所以跡”表現於《中國哲學史》的寫作，故其下冊《自序》有言，“此第二篇稿最後校改時，故都正在危急之中。身處其境，乃真知古人銅駝荊棘之語之悲也。值此存亡絕續之交，吾人重思吾先哲之思想，其感覺當如人疾痛時之見父母也。吾先哲之思想，有不必無錯誤者，然‘為天地立心，為生民立命，為往聖繼絕學，為萬世開太平’，乃吾一切先哲著書立說之宗旨。無論其派別為何，而其言之字裡行間皆有此精神之瀰漫，則善讀者可覺而知也。‘魂兮歸來哀江南’，此書能為巫陽之下招歟？是所望也”；

此“所以跡”也表現於“六書”的寫作，故其《新原人·自序》有言，“‘為天地立心，為生民立命，為往聖繼絕學，為萬世開太平’，此哲學家所應自期許者也。況我國家民族值貞元之會，當絕續之交，通天人之際、達古今之變、明內聖外王之道者豈可不盡所欲言，以為我國家致太平，我億兆安身立命之用乎？雖不能至，心嚮往之。非曰能之，願學焉。此《新理學》、《新事論》、《新世訓》及此書之所由作也。……世變方亟，所見日新，當隨時盡所欲言，俟國家大業告成，然後彙此一時所作，總名之曰貞元之際所著書，以志艱危，且鳴盛世”；

此“所以跡”同樣表現於《中國哲學史新編》的寫作，故先生晚年曾說，“在振興中華的偉大事業中，……我所能做的事就是把中國古典哲學中的有永久價值的東西，闡發出來，以作為中國哲學發展的養料。……像這一類的闡發，我將在我的《中國哲學史新編》中陸續提出來”[21]，而《新編》全書則以這樣的語句作結：“‘為天地立心，為生民立命，為往聖繼絕學，為萬世開太平。’高山仰止，景行行止。雖不能至，心嚮往之。”

這樣，我們就不難理解先生為什麼能在國難當頭，生活極其艱苦的條件下寫出“六書”，建立自己的哲學體系；為什麼能在空前強大的壓力下不自殺，不發瘋，也不沉默；為什麼能在耳目失其聰明，生活完全不能自理的狀況下，以95歲高齡寫成巨著《中國哲學史新編》，創造出學術史上的奇蹟。

“春蠶到死絲方盡，蠟炬成灰淚始乾”。先生強烈的愛國情懷和文化使命感永遠值得後人景仰。

1996年1月寫於燕園三松堂

註釋

[1] 《三松堂自序》，《三松堂全集》1卷112頁。先生生前居北京大學燕南園三十餘年，宅前有松三株，因以為號，故其宅稱"三松堂"，其回憶錄名"三松堂自序"，其全集名"三松堂全集"。先生晚年又有聯云"心懷四化，意寄三松"。

[2] 同註[1]第261頁。

[3] 《中國哲學史新編》修訂本第一冊《自序》。

[4] 《中國哲學史新編》第七冊《自序》。

[5] 《審查報告》一、《審查報告》三，均見《中國哲學史》下冊附錄。

[6] 《融貫中西，通釋今古》，《馮友蘭先生紀念文集》9頁。

[7] 《哥倫比亞答詞》，《三松堂全集》13卷424頁。

[8] 《三松堂全集》11卷271頁。

[9] 《三松堂全集》4卷224—227頁。

[10] 《三松堂全集》11卷517、522頁。

[11] 《懷念馮友蘭先生——為紀念馮友蘭誕辰100週年而作》，見《馮友蘭先生百年誕辰紀念文集》2頁。

[12] 《中國近年研究史學之新趨勢》、《近年史學界對於中國古史之看法》、《〈古史辨〉第六冊序》，均見《三松堂全集》11卷，引文見該書281、359頁。

[13] 轉引自王瑤《我的欣慰與期待》，見1988年12月6日《文藝報》。

[14] 清華大學原隸屬外交部，不屬中國教育系統，羅家倫任清華校長期間，經全體師生鬥爭後方歸屬教育部。

[15] 清華大學由教授會、評議會、校務會議三級組織進行治理，三級組織成員均為教授。此傳統由蔡元培首創，曾長期在北京大學、清華大學實行。

[16] 轉引自徐葆耕《瑤華聖土——記王瑤先生與清華大學》，見《隨筆》1992年2期。

[17] 《清華的回顧與前瞻》，《三松堂全集》13卷751頁。

[18] 《國立清華大學哲學系概況》，《三松堂全集》13卷730—731頁。

[19] 引同註[16]。

[20] 《三松堂學術文集・自序》。

[21] 《三松堂自序》，《三松堂全集》1卷345頁。

馮友蘭家鄉河南唐河文峰塔。馮友蘭兒時經常在此遊玩。

1911年至1912年在河南中州公學讀書期間與同學合影(左三)。

與上海中國公學的同學合影(後排右一)。

在北京大學讀書期間的馮友蘭。

北大教授馬敘倫因反對袁世凱稱帝而辭職，臨行時與哲學門的學生合影。後排左二為馮友蘭。

1918年6月畢業於北京大學，同學們與校長蔡元培(前排右四)、文科學長陳獨秀(前排右三)及教授馬敘倫(前排右五)、梁漱溟(前排右二)等合影。二排左四為馮友蘭。

在哥倫比亞大學學習期間的馮友蘭。

1920年與羅家倫等人在紐約合影。右立者為馮友蘭，左立者為羅家倫。

在清華大學工作期間的馮友蘭。

與燕京大學美籍教授博晨光(左一)等合影。

和清華大學的同事合影。前排左起：葉企孫，潘光旦，羅家倫，梅貽琦，馮友蘭， 朱自清。後排左起：劉崇鋐，浦薛鳳，陳岱孫，顧毓琇，沈履。

西南聯合大學時期的馮友蘭。

1941年4月清華校慶時領導成員在西南聯大工學院迤西會館合影留念。左起：施嘉揚（工學院長，兼聯大工學院長），潘光旦（教務長），陳岱孫（法學院長），梅貽琦（校長，兼聯大校務委員會常委），吳有訓（理學院長，兼聯大理學院長），馮友蘭（文學院長，兼聯大文學院長），葉企孫（研究委員會主席）。

建在昆明原西南聯大（現雲南師範大學）校內的西南聯大紀念碑，碑文為馮友蘭撰寫。

1946年5月3日西南聯大中文系全體師生在教室前合影。二排左起：浦江清，朱自清，馮友蘭，聞一多，唐蘭，游國恩，羅庸，許駿齋，余冠英，王力，沈從文。

1948年9月21日在南京出席中央研究院第一屆院士會議，23日出席中央研究院成立20週年紀念會，圖為院士們合影。二排左二為馮友蘭，右一為湯用彤；一排右四為胡適，左一為薩本棟；三排左二為梁思成，左四為湯佩松，左五為陶孟和，右二為葉企孫；後排左二為陳省身。

論教育家馮友蘭

在現代中國文化史上，馮友蘭先生既是一位哲學家、哲學史家，也是一位教育家。時至今日，對哲學家、哲學史家馮友蘭，學者們的研究已經相當深入，取得了豐碩成果，而對教育家馮友蘭，則尚未給予應有的重視，研究迄未真正展開。本文擬從教育實踐與論著、教育思想、教育貢獻三方面對教育家馮友蘭作一研究，希望能拋磚引玉，將這一研究開展起來，深入下去。

一、教育實踐與論著

1918年6月18至20日，馮友蘭曾與北大國文門、哲學門及理科同學8人乘畢業考試餘暇，往北京第一中學、第四中學、正志中學、求實中學、北京女子師範學校考察中學教育。考察後，由他執筆寫成調查報告《參觀北京中等學校記》，於同月25至28日在《北京大學日刊》發表。

1918年夏，馮友蘭畢業於北京大學哲學門，回到開封，任河南工業學校國文、修身教員[1]，為時一年。這是他漫長教育生涯的開端。他在這一年中所寫論文《新學生與舊學生》及雜文《隨感錄二則》、《隨感錄一則》均對教育有所論述。遺憾的是，我們今天已無從得知他這一年教育實踐的具體情況。

1919年，馮友蘭考取官費留美。留學期間，他也對教育有所論述，曾於《河南留美學生年報》民國九年第一期發表《對於河南選派留學辦法之意見》。

1923年馮友蘭通過博士論文答辯，回國擔任中州大學教授兼哲學系主任、文科主任。中州大學是一座新建立的大學，也是河南歷史上的第一所大學。據徵求意見稿《河南師大校史稿》、《河南大學校史》記載，其文科設有中文、歷史、哲學、英文等四系，各系開設課程中有不少門類能引導學生既掌握基本知識，又學會實際運用。如中國哲學史和西洋哲學史課在介紹各個哲學派系及其理論的基礎上，還啟發學生探求各種哲學思想和歷史發展的關係，要求學生閱讀相當數量的哲學原著，"文科主任馮友蘭知識淵博，哲學系幾門主課多由他一人親自講授。講課深刻自然，廣徵博引，貫通古今中外，受到同學們的歡迎"，"還親自指導學生進行英譯漢的翻譯練習，以培養學生學習外語的興趣"[2]。在此期間，馮友蘭還曾擔任中州大學學生社團文藝研究會名譽會長，為該會會刊《文藝》撰寫《發刊詞》，云："文藝研究會以研究國故及文學為宗旨。所謂文藝，蓋取其名之廣義，如所謂歐洲之文藝復興者然。故此刊中所載諸作，依其性質，約可分為二類：研究國故之論文及文學作品。……廣義之學術中，有為理智之產物，有為想像之產物。《文藝》中所載，研究國故之論文屬於前者，文學作品屬於後者。為編輯此刊，諸會員得以使其理智力及想像力，皆有適當練習之機會，不可謂非幸事。"[3]

在中州大學期間，馮友蘭依舊關注中學教育，曾於1923年底往曹州山東第六中學講演二週，其講演稿便是1924年由商務印書館出版的《一種人生觀》。他的《人生哲學》也是在此期間寫成（根據博士學位論文《人生理想之比較研究》改寫），後作為高級中學教科書由商務印書館於1926年9月出版。同時，他已開始關注大學教育，對此作過深入思考與研究，其成果是1925年5月16日在《現代評論》發表的《怎樣辦現在的中國大學》一文。

是年，中州大學原校務主任離職，馮友蘭曾向校長張鴻烈要求接任此職，明確說："我剛從國外回來，不能不考慮我的前途。有兩個前途可以供我選擇：一個是事功，一個是學術。我在事功方面抱負不大，我只想辦一個很好的大學。中州大學是我們在一起辦起來的，我很願意把辦好中州大學作為我的事業。但是我要有一種指揮全局的權力，明確地說，就是我想當校務主任。如果你不同意，我就要走學術研究那一條路，我需要到一個學術文化的中心去，我就要離開開封了。"[4]張鴻烈沒有接受這一要求，馮友蘭便於是年8月底離開封，往廣州，任廣東大學（今中山大學前身）教授兼哲學系主任[5]。次年年初，馮友蘭到北京，2月，開始擔任燕京大學哲學系教授兼燕京研究所導師，講授中國哲學史、人生哲學，又兼北京大學講師，講授西洋哲學史[6]，為時二年半。同時他還在華語學校為在華外國人講授《莊子》，其講稿，便成為後來由商務印書館出版的英譯《莊子》。

1928年夏，國民政府議決改清華學校為國立清華大學，任命羅家倫為校長。9月，馮友蘭應羅之邀，任清華大學哲學系教授兼校秘書長，同時在燕京大學、北京大學兼課。次年2月，辭校秘書長職，專任教授。同年9月起，任清華哲學系主任。1930年5月初，曾應聘任河南中山大學（即原中州大學）校長，但因"已經在清華找到'安身立命之地'"，而未到任，不久即辭去此職[7]。6月起，代理清華文學院院長職務。羅家倫於此年5月辭職，7月10日起，馮友蘭代理校長職務，主持清華校務會議及清華日常工作，直至1931年4月。1931年7月11日起，馮友蘭任清華文學院院長。抗戰時期，清華大學與北京大學、南開大學合併為國立西南聯合大學，馮友蘭又於1938年10月18日起任聯大文學院院長。1946年聯大解散，馮友蘭曾撰寫《國立西南聯合大學紀念碑碑文》，以示紀念。1948年12月清華大學校長梅貽琦離校南下，馮友蘭被推選為校務會議臨時主席，又一次主持清華校務。1949年5月5日，北京軍管會文管會任命馮友蘭為清華校務委員會委員。同年9月23

日，馮友蘭辭去清華校務委員會委員、文學院院長、哲學系主任職務。

在上述期間，馮友蘭曾開設中國哲學史、中國哲學史研究、老莊研究、朱子研究等課程，中國哲學史課"講授自周秦迄近代中國哲學家之哲學系統，分析而批評之；並隨時與西洋哲學比較研究"；中國哲學史研究課"由選習學生各提出其興趣所近之有關於中國哲學史之問題，分別研究。於每次上課前，將其研究所得，或於研究時所發生之困難，報告討論。每學期作書面報告一次"；老莊研究課"取老子、莊子之書，加以精讀，並闡明其中義理"；朱子研究課"取朱子之主要著作，加以精讀，並闡明其中義理"[8]。學生曾這樣回憶馮友蘭中國哲學史課所得印象："講課時，馮先生對中國歷代哲學家的思想論述深刻、系統、明確、樸實。無論口頭講解或板書，引經據典，從不看講稿。馮先生對教材內容深思熟慮，一絲不苟。臨上課前，還要坐在大圖書館再做準備，這是我和一些同學經常看見的。學生提出問題，無論在課堂內外，都耐心細緻地給以解答，直到學生滿意為止。與學生交談時，親切、和藹、平易近人，從不擺架子。馮先生表現出具有高尚師德的仁厚長者和儒雅學者的風度。"[9]

在此期間，馮友蘭還寫了大量教育論著，其重要者，除《國立西南聯合大學紀念碑碑文》外，還有《國立清華大學教授會宣言》、《國立清華大學校務會議佈告》、《清華校史概略》、《國立清華大學教授會告同學書》、《國立清華大學文學院概況》、《國立清華大學哲學系概況》、《大學與學術獨立》、《清華的回顧與前瞻》、《論大學教育》等。

1949 年以後，直至 1990 年，馮友蘭先後在清華大學、北京大學專任哲學系教授，開設中國哲學史、中國哲學史史料學等課程，指導研究生。研究生曾回憶説，"我逐漸感覺到，先生對學生的要求既嚴格又自由。所謂嚴格，是指在學業上，在知識掌握上，必須按計劃進行，不可有絲毫放鬆，不可有任何'躐等'，學風要嚴謹，功夫要扎實。……所謂自由，是指研究方法、範圍和觀點方面，先生給學生以充分的自由，並無任何限制，更沒有'門戶'之見。他所關心的是分析能力、學術水準、理論水平，而不是觀點本身。只要你'言之成理，持之有故'，他並不在乎你的觀點與他相同還是不同。他要求學生獨立思考，有獨創精神，即使是提出'非常奇怪之論'，如果有事實依據和理論價值，他也是很讚賞的"[10]，"我跟先生學的雖是哲學史，但體會最深、收穫最大的卻不在哲學史之中，而在哲學史之外。其中，先生教我的讀書方法，就夠我一輩子受用。……先生把他教我的讀書方法概括為四點：（1）精其選；（2）解其言；（3）知其意；（4）明其理。……以我理解，先生為我指定的書目，就是'精其選'；讓我逐字逐句解釋《老子註》，就是'解其言'；'讀書得間'就是'知其意'；'融會貫通'就是'明其理'"[11]。在此期間，除一度任中國哲學史教研室主任以外，馮友蘭未再擔任其他行政職務。但他仍關注大學教育，寫了大量教育論著，其重要者有《對於中國近五十年教育思想進展的體會》、《再論"為學術而學術"的學風》、《樹立一個對立面》、《我所認識的蔡孑民先生》、《懷念梅貽琦先生》、《中國落後並非由於文化，厭學責任不在於青年人》、《清華發展的過程是中國近代學術走向獨立的過程》以及《三松堂自序》中有關北京大學、清華大學、西南聯合大學的長篇論述。

以上表明，馮友蘭畢生都在從事教育，主要是從事大學教育。作為一位教育家，他有六十餘年的教育實踐，更有數量可觀的教育論著。

二、教育思想

在這些數量可觀的教育論著中，馮友蘭提出了豐富的教育思想，其中主要涉及以下幾個方面。

（一）論新舊學生精神上的差別

其《新學生與舊學生》認為，“新學生以研究學問為目的，讀書為手段，而舊學生即以讀書為目的”，“新學生注意現在與未來，舊學生注意過去”，“新學生之生活為群眾的，舊學生之生活為單獨的”，“新學生注重實際，舊學生注重空談”，認為若像舊學生那樣“述而不作，信而好古”，社會便“永為古人所束縛，終無進步之一日”，故學生應認清新舊之別，作出抉擇，“今日外界之情勢一日萬變，他人之進步一日千里。我前途最有希望之學生，其將隨順潮流，為‘新世界’中之新學生耶，抑將違逆大勢，為‘古物陳列所’中之舊學生耶？是在有志者自決之”[12]。此文作於1918年，顯然是“五四”新文化運動的產物。

（二）論中學教育

其《參觀北京中等學校記》提出了當時北京中等學校存在的三個問題，一是經費缺乏，“以之維持現狀則有餘，以之整頓經營則不足，……教育何由發達哉”；二是學生中富貴子弟多，平民子弟少，“將使貧者益貧，富者益富，貴者益貴，賤者益賤，研究教育問題者，於此宜三致意焉”；三是個別中學對學生“一切皆取畫一”，使學生處於被動地位，不利於發展學生個性，“此等軍隊式的教育，果為得當與否，實有研究之價值也”[13]。這些問題的提出，也與“五四”新思潮的影響有關。

（三）泛論大學教育

其《怎樣辦現在中國的大學》既強調學術發展對於中國的重要意義，又強調要發展學術，必須辦好大學。它認為，當時的中國面臨的情況是：（一）須充分地輸入學術，並徹底地整理舊東西；（二）須力求學術上的獨立；（三）出版界可憐異常，有許多人想看書而無書可看；（四）對西洋學術有較深研究的人甚少；（五）更無人在世界學術界中可以稱為“大師”。針對這樣的情況，要辦好大學，應先設像樣的本科，為此，就要“以請中國人作教員為原則”，且所請的教員“要有繼續研究他所學之學問之興趣與能力”，“大學要給他繼續研究他所學之學問之機會”，因此又要設研究部，使教員既教學又研究，設編輯部，使教員既教學又編譯西洋學術著作。它認為，如能本科、研究部、編輯部三位一體，“再假以時日，中國亦可有像樣的學者，而中國學術亦可獨立矣”[14]。

其《大學與學術獨立》寫於抗戰勝利之時，它繼承並發展了上述思想，認為“誰要知識落伍，誰就要歸天然底淘汰”，所以中國要成為世界強國，必須做到“知識上底獨立，學術上的自主”，為此就要“樹立幾個學術中心。其辦法是把現有底幾個有成績底大學，加以充分底擴充，使之成為大大學”，對這些大大學，一要盡量予以財政上的支持，而“萬不可用平均發展的政策”；二不可有急功近利的要求，因為“學術知識對於人生的功用，不是短時間之內所能看出來底，也許有些是永遠看不出來底。……一個大大學中，必須有許多很冷僻底學問，……維持這些學問的研究，正是大大學的責任”；三對於大大學，國家要持不干涉的態度，因為“對於每一門學問，只有研究那一門底專家有發言權。……所以國家社會要與他們研究自由，並且要與他們以選擇人才的自由。每一個大大學都應該是一個‘自行繼續’底團體。這就是説，一個大大學的內部底新陳代謝都應該由他們自己處理。……外邊底人，不能干涉”[15]。

其《論大學教育》進一步發展上述思想，強調大學“有兩重作用：一方面它是教育機關，一方面它又是研究機關；教育的任務是傳授人類已有的知識，研究的任務則在求新知識。……它對人類社會所負的任務用一句老話説就是‘繼往開來’”；強調“一個大學應該是獨立的，不受任何干涉。……對於任何一種學問，只有研究那一種學問的人有發言權，別人實在説來不能對專門知識發言，因為他沒有資格。……所以國家應該給他們研究的自由”；強調“大學不是職業學校”，因為“就世俗説有些學問是有用的，有些學問就沒用，可是一個大學就應該特別着重這些學問，因為有用的學問已有職業學校及工廠去做了。‘紅’的、有出路的學問大學應該研究；而‘冷僻’的、沒有出路的學問大學更應該研究”；強調“大學不是宣傳機關”，因為“大學是專家集團，當然對於任何政治理論都講，但不是宣傳哪一種主義，只要它能成為一種學問，一種知識，就可以研究它”；強調大學教育出來的是“人”而不是“器”，“器是一種工具，別人可以利用它達到某種目的”，而“人”則“除了有專門才能貢獻人類外，……對於世界社會有自己的認識、看法，對已往及現在所有有價值的東西……都能欣賞。……所以大學教育除了給人一專門知識外，還培養成一個清楚的腦子、熱烈的心，這樣他對社會才可以瞭解、判斷，對已往現在所有的有價值的東西才可以欣賞。有了清楚的腦、熱烈的心以後，他對於人生、社會的看法如何，那是他自己的事，他不能只在接受已有的結論——一個學校如果這樣做，那就成了宣傳，訓練出來的人也就成了器”[16]。

（四）論北京大學、清華大學、西南聯合大學，論羅家倫、梅貽琦、蔡元培

其《三松堂自序》等著作充分肯定北京大學、清華大學、西南聯大三校“學術至上”、“為學術而學術”、“思想自由，兼容併包”、“教授治校”等傳統。認為西南聯大之使命，“與抗戰相終始，此其可紀念者一也”，北大、清華、南開“三校有不同之歷史，各異之學風，八年之久，合作無間，同無妨異，異不害同，五色交輝，相得益彰；……此其可紀念者二也”，“萬物並育而不相害，道並行而不相悖，小德川流，大德敦化，此天地之所以為大，斯雖先民之恆言，實為民主之真諦，聯合大學以其兼容併包之精神，轉移社會一時之風氣，內樹學術自由之規模，外來民主堡壘之稱號，違千夫之諾諾，作一士之諤諤，此其可紀念者三也”。認為“北大的歷史任務，主要是打破封建主義的鎖鏈。……蔡元培的三不主義，不僅表示自己的清高，也是反對封建主義的腐朽。這個鬥爭，歸結為五四運動的‘打倒孔家店’”[17]。認為從遊美學務處到清華學校再到清華大學，其“發展的過程就是近代中國學術走向獨立的過程”。

對於羅家倫，《三松堂自序》等著作充分肯定其在清華所起的作用，認為他在清華實行學術化、民主化、紀律化、軍事化，其中“學術化的成功最為顯著，軍事化的失敗最為徹底，民主化和紀律化都是清華原有的校風，不過羅家倫能夠扶持它們，讓它們自由發展”[18]。羅家倫又在清華實行改革，提高教師的地位，提高中國課程的地位，壓低洋人的地位，開解女禁，使清華從外交部管轄改為教育部管轄，

完成了自辦清華大學的最後步驟，並創辦研究院，對清華功不可沒。羅家倫離開清華的真正原因則是閻錫山反蔣介石，鼓動人驅羅[19]。

對於梅貽琦，《三松堂自序》等著作肯定其關於“大學者，有大師之謂也”的著名論點，肯定他的歷史功績，認為他在清華推動和領導了一系列的改革，又在清華與西南聯大，“在風雨飄搖、驚濤駭浪的環境中……維持了‘學術第一，講學自由，兼容併包’的學風”，認為“清華從史前期到現在的清華大學，經歷了一個一步一步提高的歷程。這個歷程，就是中國學術，在向西方學習之中，實現獨立自主的歷程，這是中華民族中興的頭等大事。清華是一個典範。作為清華長期的領導人，梅貽琦先生將與清華共存不朽”[20]。

《三松堂自序》等著作更高度肯定蔡元培在中國現代教育史、文化史上的巨大功績，認為北大、清華、西南聯大的“學術至上”、“為學術而學術”、“思想自由，兼容併包”、“教授治校”傳統是由蔡元培所開創，“他的思想，不僅改造了北大，而且也開創了新文化運動”，所以“若論新文化運動的起源，應該從 1917 年蔡先生到北大當校長那一天算起”。認為“北大就不僅是全國的最高學府，而且是新文化運動的中心。蔡先生是這個中心的主將。這位主將高舉新文化運動的大旗，領導着北大走在前邊，影響所及，全國響應”。認為蔡元培是“中國近代最大的教育家”，這樣的教育家“豈但在並世大學校長中沒有第二個，在全中國歷代的教育家中也沒有第二個”[21]。

（五）論學潮

其《對於中國近五十年教育思想進展的體會》指出，廣義的“五四”運動有兩方面的表現，即一方面表現於社會政治方面，參加革命運動，另一方面表現於學術教育，建立“為學術而學術”的學風，前者不是蔡元培所預期的，後來的發展也是他所不及料的，“他在當時提倡‘三不主義’（不做官，不當議員，不納妾），意思是要學生遠離政治，專心學術。他希望北大學生瞭解上大學不是為混一個資格，以為將來做官之用，而是準備以研究學術為終身職業，終身為學術服務”[22]。其《三松堂自序》指出，在學潮中，學校負行政責任的人是當時的政府任命的，不可能公開同學生站在一起，但他們和學生又是師生關係，對學生有愛護的責任，所以他們只能採取中立態度，不公開與學生一起反對政府當局，但也決不同政府當局一起暗中迫害學生，“蔡元培當北大校長時採取的就是這樣的態度，……北大、清華的校長所採取的基本上都是這種態度。我在清華，也是採取這種態度。當時，國民黨軍警所要迫害的學生，如果他們信得過我，就到我家隱蔽，我盡力掩護，不管認識不認識，也從不問他們的姓名”[23]。所以，馮友蘭一方面出於對學生的同情與理解，曾在代理校務期間保釋被捕學生馮仲雲、陳志安等，在三十年代掩護國民黨軍警所欲拘捕的學生黃誠、姚克廣（即姚依林），在四十年代掩護國民黨所欲拘捕的學生裘玉蓀，另一方面又為了維護教育、學術，總是勸導學生不要曠日持久地罷課，影響學業。

如1931年11月23日曾起草校務會議佈告，對清華大學學生會為要求政府抗日，決定組織學生全體赴南京請願一事進行勸阻，說，“吾人處危難之局，頭腦尤宜冷靜，若使犧牲學業能得相當之代價，則尚可告無罪於國家社會；若不計結果，徒為學業上之犧牲，則諸同學少上一日之課即國家多受一日之損失。……須知現在戰爭須全國動員，所謂全國動員者，非人人皆赴戰場之謂，乃全國人士皆努力以做其應有之事。所謂不有居者，誰守社稷？不有行者，誰捍牧圉？……所望諸同學熟權此次南下對於國家之利害，取消前議，國家幸甚”[24]。次日，又起草另一佈告，說，“查此次學生赴京請願，本會曾佈告懇切勸阻在案。惟學生激於義憤，仍有必欲赴京一行者，舉動雖嫌激越，熱情尚屬可嘉，應即准其個別請假，以成其志，並商准教授會，俟其返校後為之設法補課。至於在校並未赴京之學生，自應照常上課，以重學業。又查昨晨有學生群向教授請求停課，並請簽字等事，此種舉動跡近要挾，即施之路人亦為不可，對於學生素所敬愛之師長，尤不應出此。此後務須各自檢點，不得再有此類情事發生，是為至要”[25]。

又如1935年12月10日，馮友蘭曾與清華其他院長及教務長聯名發表告同學書，勸阻學生罷課。次年1月，清華評議會因勸告學生復課無效，又考慮到學生罷課過久，無法考試，決定將1935—1936學年度第一學期考試推遲至第二學期開始時進行，而學生自治會救國委員會卻於第二學期開始時要求免去考試，甚至衝入教授會會場，高呼口號，脅迫教授會同意免考。在此情況下，馮友蘭曾提議“同人等向學校辭去教授職務，並即日起停止授課”（此提議由教授會全體通過），並被教授會推舉，與俞平伯、朱自清、蕭蘧、蕭公權、潘光旦、張奚若一起起草辭職宣言（辭職宣言公佈後，學生自治會承認了錯誤，並往各教授家中進行挽留，校長梅貽琦亦表示挽留）[26]。

又如1945年“一二・一”運動中，馮友蘭曾努力調解學生與當局的矛盾，提出學生先復課，教授會保證於復課後十五天內使製造事件的行政首腦人員去職的議案，獲教授會通過。又曾被教授會推選與周炳琳、趙迺摶共同起草《教授會告同學書》，其文曰：“本校罷課已將屆月，其中所經過的慘痛之事實，已為國人所共見。本會之措施已屢經議決執行。關於本月1日之慘案，現在除軍事負責首腦人員已經政府先行停職外，本會並請求政府對行政負責首腦人員先行撤職，決以去就力爭，促其實現。關於非法禁止集會之禁令，已於本晚推舉代表與現軍政當局洽商，望其對合法之自由予以尊重。同學諸君心懷冤抑，同人深有同感，但默察校內外之情勢，如堅持罷課，則前途演變恐有不忍言者。同人愛護同學，愛護學校，本中心之熱忱，經屢次之會議，已請學校定於十二月二十日務必復課，務望同學諸君於是日晨照常上課。其有因故不能上課者，亦勿對上課同學有攔阻之舉動，否則同人在校所司何事?尸位之譏，義不能受，亦當有以自處。謹此佈告，惟同學諸君察之。”[27] 正如他自己所說，他這樣做，是為了“挽救聯大，使其免於解散之災，為中國學術界保留一塊自由園地，為‘民主堡壘’留個餘地”[28]。

最後，在1989年5月，他還曾多次簽名，呼籲當局為學潮正名，呼籲學生停止絕食[29]。

在1949年後的新形勢下闡述“學術至上”、“為學術而學術”、“思想自由，兼容併包”、“教授治校”等教育思想，為之辯護。

1949年後，“學術至上”、“為學術而學術”、“思想自由，兼容併包”、“教授治校”等等統統被當作資產階級反動思想加以批判，馮友蘭卻仍或撰文或發言，想方設法為之辯護。

如，1950年，他撰寫《對於中國近五十年教育思想進展的體會》、《再論“為學術而學術”的學風》，指出“五四”新文化運動在學術教育方面的成果是教育為學術服務，建立了“學術至上”、“為學術而學術”的學風，強調學術是獨立的，“學術不是任何東西的附屬品，它的價值在其自身，不在於能為某一方面服務”，“學術的價值就在於發現真理，而真理的價值就在於其本身。不能問為什麼發現真理，也不能說，某一個真理比另一個真理更有價值”，所以“研究學術需要一種無所為而為的精神”，如果“以學術的價值為在其求真理之外，這是一種有所為而為的功利主義。功利主義是阻礙學術發展的”。他肯定這種思想是“自由主義的表現”、“反封建的表現”，“有反傳統的革命性，在五四前後，都發生了很大的作用”[30]。

如，1958年，在“大躍進”、“教育革命”的高潮中，他發表《樹立一個對立面》，反對大學哲學系培養普通勞動者的所謂“教育革命”主張，明確認為“就一個人的修養說，他必須是一個理論聯繫實際的人，……但是從社會上的職業分工說，我們又需要系統鑽研經典著作，掌握文獻資料，聯繫科學，分析概念和範疇等等的人。……綜合大學的哲學系就是培養這一種人的地方，……它所培養出來的主要是理論方面的人才”[31]。陳伯達曾將《樹立一個對立面》的思想歸結為“理論－實際－理論”，說它背離了毛澤東《實踐論》“實際－理論－實際”的公式。對此，馮友蘭曾在《三松堂自序》中予以反駁，認為“毛澤東《實踐論》中所要講的是認識論，而我所要講的是教育學，各有各的對象，各有各的範圍”，不能混淆[32]。

又如《三松堂自序》始終肯定“教授治校”的歷史作用，其《北京大學》章認為“教授治校”是“蔡元培到北大所推行的措施之一，其目的也是調動教授們的積極性，叫他們在大學中有當家作主的主人翁之感”，當時的具體做法之一是規定教務長由教授選舉，每兩年改選一次；其《清華大學》章認為教授治校“在清華得到了比較完整的形式”，即教授會由全體教授組成，各院院長由校長根據教授會的選票加以聘任，評議會由校長、教務長、秘書長及各院院長及教授會代表組成，校務會議由校長、教務長、秘書長、各院院長組成，全校事務由教授會、評議會、校務會三級機構處理，“這種教授治校的形式，除了在西南聯大時期沒有評議會之外，一直存在”；其《西南聯合大學》章則既認為教授治校傳統“聯大也繼續和發揚了。其表現為教授會的權威。……遇到學校有對內或對外的大鬥爭的時候，這種權威就顯出作用了”，又十分遺憾地指出，“一二・一運動結束以後，聯大在表面上平靜無事了，其實它所受的內傷是很重的，最嚴重的就是教授會從內部分裂了，它以後再不能在重大問題上有一致的態度和行動了。從五四運動以來多年養成的教授會的權威喪失殆盡了。原來三校所共有的'教授治校'的原則，至此已成為空洞的形式，沒有生命力了"[33]。

再如，1989年，他曾對記者說，"'厭學風'和'文革'中的'讀書無用論'一樣，責任不應歸於青年人，而應歸於社會環境"，"十年動亂，有人認為'知識越多越反動'，把知識分子當作'臭老九'看待。動亂過去以後，這種'文革'遺留下來的風氣始終未從根本上改變。十年改革，我們只注重眼前的經濟發展，而不重視教育，造成十分嚴重的'腦體倒掛'等現象，這種種環境和原因必然會導致青年'厭學'。……所以要解決'厭學'的根本途徑還是通過改變社會環境來解決"[34]，這是對社會現實的批判，也可視為對"五四"以來"學術至上"傳統的堅持與維護。

以上表明，馮友蘭數十年如一日，始終在傳播和維護"五四"新文化運動中由蔡元培所倡導、曾長期在北大、清華、西南聯大得到貫徹執行的"學術至上"、"為學術而學術"、"思想自由，兼容併包"、"教授治校"傳統。

三、教育貢獻

馮友蘭對教育事業的貢獻，主要可歸結為如下三點。

（一）教學六十餘年，培養了一代又一代的哲學與哲學史專家學者

（二）作為清華大學校秘書長、校務會與評議會成員，協助羅家倫、梅貽琦促成清華教育獨立，並對清華基本建設的發展與教授治校、思想自由兼容併包傳統的形成有所貢獻。作為校務會議主席，在羅家倫辭職、梅貽琦離校後兩次代理校務，艱苦支撐，使清華教學得以照常進行，不致中斷。此外，馮友蘭通過其他幾件事，為清華作出貢獻

1930年5月羅家倫被迫辭職後，6月，閻錫山曾派喬萬選接管清華，清華師生一致抵制喬萬選。此時，馮友蘭曾被教授會推選與蔣廷黼、張奚若、吳之椿、朱自清、周炳琳、張子高共同起草宣言，與閻錫山勢力抗爭，其文曰："本校不幸因校長問題引起糾紛，同人等職在教學，對於校長個人之去來本無所容心，惟本校為一最高學府，一切措施應以合法手續行之，校長自應由正式政府主持教育之機關產生，若任何機關可以一紙命令任用校長，則學校前途將不堪設想。……所願學校行政亦能超出政潮獨立進行，俾在此兵戈擾攘之中，青年尚有一安心求學之處。倘有不諒此衷，別有所圖者，同人等職責所在，義難坐視。"[35]

同年7、8月，馮友蘭代理校務，遭到閻錫山勢力惡意攻擊，他為此發表個人聲明《清華現狀與我的態度》，與之抗爭，說："所謂讀書護校會者已經把我告到閻總司令那裡了，我靜坐在清華聽候查辦。同時我要聲明：我受教授會的推舉加入校務會議維持校務，要負我的責任。除非我不能行使職權，除非校務會議別人全走不能開會，除非教授會撤了他給予我的代理文學院院長之職，除非大多的學生對我失了信任，我一定要遵守教授會的意思，維持校務。'可以託六尺之孤，可以寄百里之命。臨大節而不可奪'，我的修養還未到此，但我是要照此方向做的。"[36]。在這一鬥爭中，他和他主持的校務會議

得到了學生們的信任，學生會曾兩次致函校務會議，表示支持與感謝，說“校務會議諸公悉心維持，一切進行如常，學生等無任感佩。值茲校長問題未解決前，學校岌岌可危之際，萬請毋信流言，致感不安，學生等皆了然深悉，異常諒解。尚懇諸公仍本愛護清華大學之精神貫徹初衷，不勝企禱”，又說“本校自羅家倫先生辭職以來，迄今已將一載。在此期間，蒙諸先生不辭勞瘁，鼎力維持，校務進行如常，全體同學賴以安心就學，弦誦不輟。敝會謹代表全體同學向諸先生誠懇致謝，幸垂察焉”[37]。

1931年6月，國民政府所派校長吳南軒破壞教授治校，惡意攻擊師生，清華教授會堅決與之抗爭。此時馮友蘭曾被推舉與張奚若、吳有訓一起赴南京向教育部及輿論界報告清華真相，終於使教育部撤消對吳南軒的任命，改派他人主持清華校務[38]。

（三）擔任清華文學院院長十八年，倡導並促成在全國高校中獨樹一幟的清華學派

關於清華學派，王瑤先生認為其特點是“對傳統文化不取籠統的‘信’或‘疑’的態度，而是在‘釋古’上用功夫，作出合理的符合當時情況的解釋。為此，必須做到‘中西貫通，古今融匯’，兼取京派與海派之長，做到微觀與宏觀結合”[39]；張岱年先生認為就哲學系而言，清華學派的特點是，“第一，為振興中華而追求真理的治學精神；第二，以邏輯分析為主要方法；第三，試圖融合中西哲學思想建立具有時代精神的理論體系；第四，肯定學術與政治的區別，保持謙虛開放的思想態度”[40]；本文則認為，根據馮友蘭關於大學的任務既在傳授已有知識更在創造新的知識的思想，如綜合兩位先生的說法，將清華學派的特點作如下歸納，似乎更為適宜：中西貫通，古今融

匯，兼取京派與海派之長，做到微觀與宏觀結合，在此基礎上進行“釋古”與創新，既合理解釋傳統文化，更努力創造新的文化。也就是說，有必要區分“釋古”的廣、狹二義，其狹義指對傳統文化的闡釋，其廣義則還包括在闡釋傳統文化的基礎上進行新的創造。清華學派所主張的“釋古”既是就狹義而言，也是就廣義而言，既重視對傳統的闡釋與繼承，更注重對傳統的改造與革新。

清華學派之注重創新，在哲學系表現最為突出。馮友蘭曾說，“過去二十年中，我的同事和我，努力於將邏輯分析方法引進中國哲學，使中國哲學更理性主義一些。在我看來，未來世界哲學一定比中國傳統哲學更理性主義一些，比西方傳統哲學更神秘主義一些。只有理性主義和神秘主義的統一才能造成與整個未來世界相稱的哲學”[41]，這是指出全系的努力方向——造成與未來世界相稱的哲學。他又曾說，“承百代之流，而會乎當今之變，新理學繼開之跡，於茲顯矣”[42]，這是指出他自己的抱負——在哲學上繼往開來。張岱年也強調“重視理論建樹”是清華學派的一個特點[43]。所以在清華哲學系，除馮友蘭建立自己的新理學哲學體系以外，還有金岳霖寫《論道》與《知識論》，提出自己的形上學與認識論體系，張岱年寫《哲學上一個可能的綜合》、《事理論》、《品德論》等，提出將“唯物、解析與理想”綜合於一的哲學體系，所有這些體系都是融會貫通中西新舊進行新的創造的產物。其他如張崧年等也都在哲學創作上有一定貢獻。

清華學派之注重創新，也表現於文科其他各系，如中文系“並不看輕就舊文學研究考證的功夫”，而更注重“創造我們的新文學”[44]，其教師如聞一多、朱自清等都為中國新文學創作作出了很大貢獻；外文系“注重與中國文學系聯絡共濟”，目的既在於使學生日後能“編譯書籍，以西洋之文明精神及其文藝思想介紹傳佈於中國”，或“以西文著述，而傳佈中國之文明精神及文藝思想於西洋”，也在於使學生能“創造中國之新文學”，其學生如萬家寶（曹禺）、查良錚（穆旦）等都在文學創作方面取得很大成就[45]。

因此，注重創新是清華學派區別於其他學派的顯著特色之一，論述清華學派絕不能忽視這一特色。

王瑤先生在論述清華學派的特點時已指出，這些特點是“貫穿於清華文科各系的”。徐葆耕先生更對清華學派做過深入研究，認為“應該說，這種清華文科共同的學術風格，是在馮來清華前就已初具雛形了的。……但截止到馮友蘭隨羅家倫來清華之前，這種學風並未得到有意張揚，集團性優勢尚不顯著，作為一個學派只能説尚處幼年”[46]。本文大致贊同徐説，但擬有所補充，同時也想提出一點商榷。

所要補充的是，對於清華學派的形成與發展，馮友蘭所起的作用，除在文學院具體工作中加以倡導以外，還突出表現於兩個方面。一是通過《中國近年研究史學之新趨勢》（1935年5月）、《近年史學界對於中國古史之看法》（1935年5月）、《〈古史辨〉第六冊序》（1937年1月）明確提出“釋古”主張，認為“中國近年研究歷史之趨勢，依其研究之觀點，可分為三個派別：(一) 信古，(二) 疑古，(三) 釋古。‘信古’派盲目信古，以為古書所載皆真，毫不懷疑，最缺乏批判精神；‘疑古’派之審查史料工作對史學不無相當貢獻，但他們以為古書多非可信，以至抹殺一切，是其短處；‘釋古’派則較為科學，既不盡信古書，也不全然推翻古書，以為‘古代傳説雖不可盡信，然吾人可因之以窺見古代社會之一部分之真相’”[47]；認為“疑古一派的人，所作的功夫即是審查史料。釋古一派的人所作的工作，即是將史料融會貫通。就整個的史學説，一個歷史的完成，必須經過審查史料及融會貫通兩階段，而且必須到融會貫通的階段，歷史方能完成”[48]。他還曾説，“清朝人研究古代文化是‘信古’，要求遵守家法；‘五四’以後的學者是‘疑古’，他們要重新估定價值，喜作翻案文章；我們應該採取第三種觀點，要在‘釋古’上用功夫，作出合理的符合當時情況的解釋。研究者的見解或觀點儘管可以有所不同，但都應該對某一歷史現象找出它之所以如此的時代和社會的原因，解釋為什麼是這樣的”[49]。這就將清華文科共同的學術風格上升到了理論形態，這種理論形態的出現是清華學派成熟的突出標誌。二是寫出《中國哲學史》兩卷本、《中國哲學簡史》，寫出《新理學》、《新事論》、《新世訓》、《新原人》、《新原道》、《新知言》等“貞元六書”，為清華學派提供了“釋古”與創新的範本，也向世人顯示了清華學派的輝煌業績（徐著已含此意，但未明確點出）。

所要商榷的則是，清華文科共同的學術風格在馮友蘭來清華之前，在國學院時期，是否“已初具雛形”。馮友蘭曾明確指出，國學院“僅以國學為範圍”，“國學研究所的學生與清華舊制的學生（指遊美學務處、清華學校時期的學生——蔡按），大部分是格格不入底。我們若沿用普通所謂‘中西’、‘新舊’的分別，我們可以說，研究所的學生是研究‘中國底’‘舊’文化，舊制的學生是學習‘西洋底’‘新’文化，他們中間有一條溝。到清華大學時代，國學研究所取消了，舊制學生也都畢業出國了。可是上面所說底那兩種精神仍然存留，並且更加發揚。他們中間底那一條溝也沒有了。兩種精神成為一種精神了。這是清華大學時的特色。……在對日全面抗戰開始以前，清華的進步真是一日千里，對於融合中西新舊一方面也特別成功。這就成了清華的學術傳統”[50]。這是就學生而言。如就教師而言，則有必要指出兩點，一是陳寅恪、趙元任、李濟作出其歷史學、語言學、考古學領域的貢獻主要不是在任國學院導師之前，也不是在任國學院導師時期，而是在此之後；二是王國維、陳寅恪以來自西方的現代科學方法重新闡釋傳統文化，其學術貢獻不可低估，但此貢獻主要是在狹義的“釋古”，即闡釋傳統文化方面，而不是在廣義的

"釋古"，即融會貫通中西新舊以創造新的文化方面。何況，王國維後期（1911 年以後）"於考據之中，寓經世之意，可幾亭林先生"，是和顧炎武一樣的封建衛道士，故視綱常倫理為天理人道，甘願與之"共命而同盡"（陳寅恪語）[51]。陳寅恪自言"平生為不古不今之學，思想囿於咸豐、同治之世，議論近乎（曾）湘鄉、（張）南皮之間，……殆所謂'以新瓶裝舊酒'者。誠知舊酒味酸而莫肯售，姑注於新瓶之底，以求一嚐"[52]，故主張融合"輸入之思想"後，"堅持夷夏之論，以排斥外來之教義"[53]。他們都存在理性與情感的深刻矛盾：在理性上，在治學方法上，他們都是現代的，他們對傳統文化的闡釋無疑有利於新文化的創造，他們的學術活動無疑為中國新文化的創造作出了重大的貢獻；在情感上，在價值取向上，他們卻主張"堅持夷夏之論，以排斥外來之教義"，不僅無意於推動中國文化由前現代向現代的轉型，而且恰恰是要"強聒力持"，竭力反對和阻撓這一轉型。至於一度主持清華國學院工作的吳宓，既在思想上極端仇視新的文化（已出版的十冊《吳宓日記》可以為這一點作證），又在個性上不能安心鑽研學術（十冊《吳宓日記》也可為這一點作證），故"釋古"無大貢獻（遠不能與王國維、陳寅恪相比），創新更無從談起。因此本文認為，就狹義的"釋古"來看，可以說清華文科共同的學術風格在國學院時期確"已初具雛形"，就廣義的"釋古"來看，則應該說清華文科共同的學術風格是到文學院時期才得以形成。

對清華學派，馮友蘭不僅在1949年前大力倡導它，促成它，而且還在1949年後多次肯定它，宣揚它，如說"關於中國文史哲的研究，有京派和海派。京派的優點是謹嚴有規矩，缺點是墨守成規，海派的優點是敢於打破陳規，缺點是任意。北大是京派，郭沫若、侯外廬是海派，而清華是兼有二派之長而無其短"[54]，說"1952 年院系調整，把清華改為工科大學，……原有的文、理科歸併入北大。方案提出後，許多清華的人持反對意見，有抵觸情緒。清華的人認為，北大和清華，從院系和課程方面看，是重複的，但這兩個大學代表不同的學派，有不同的學風，應該像英國的劍橋和牛津兩個大學那樣，讓它們並存，互相比較，互相競爭，以推動學術的進步。……我原來也是強調清華、北大的不同，主張要讓它們並存的”[55]。所以他曾直言不諱地指出，“如果一個地方需要兩個綜合性大學，那麼清華大學就無需調整了”，“高教部最大的錯誤就是在院系調整中把傳統打亂了”[56]。他是十分看重和珍惜這一學派的。

四、結語

通過以上三方面的研究，似乎可以得出這樣兩點結論：第一，作為一個教育家，馮友蘭主要從事的是大學教育，主要論述的也是大學教育，其教育思想主要可歸結為兩個方面，一是突出地強調“學術至上”、“為學術而學術”、“思想自由兼容併包”、“教授治校”，二是突出地強調在繼承傳統、闡釋傳統的基礎上進行新的創造。第二，馮友蘭教育思想的兩個方面都與蔡元培相一致，與“五四”新文化運動相一致。如果說，在哲學思想上，馮友蘭的根本精神與價值取向是傳統的，儒家的，他是一位有儒家傾向的中國現代哲學家[57]；那麼，在教育思想上，他的根本精神與價值取向則是現代的，自由主義的，他是一位自由主義的中國現代教育家。

馮友蘭的一生與中國現代教育史、現代學術文化史上最重要的三座大學——北京大學、清華大學、西南聯大有着不可分割的聯繫。但作為一位哲學家與哲學史家，他的“六書”與“三史”中的二史是在清華寫成的，作為一位教育家，他的主要貢獻也是在清華作出的。他在清華大學充分地實現了自我，清華大學確實是他的安身立命之地。他在晚年回顧自己的一生時說過這樣的話："清華校史不僅有一校的意義，而且反映中國近代學術逐漸走向獨立的歷史。我能在這個過程中出過一些力，覺得很是榮幸。我在清華的幾十年是我一生中最幸福的時代。"[58]他是帶着強烈而深厚的感情說這番話的。

馮友蘭曾說："抗戰十年中間，清華在物質方面受了許多打擊，但是他的學術傳統是仍然存在底。這個學術傳統對於中國的新文化，一定是大有貢獻底。不管政治及其他方面的變化如何，我們要繼承着這個學術傳統，向前邁進。對於中國前途有瞭解底人，不管他的政治見解如何，對於這個傳統是都應該重視愛護底。"[59]他是在1948年清華校慶時說這番話的。這裡寄託着他的希望，也隱含着他的擔憂，他希望"不管政治及其他方面的變化如何"，"不管……政治見解如何"，清華的學術傳統都能得到重視與愛護，他擔憂這個傳統得不到重視與愛護。而在此後的幾十年中，這個在抗戰時期尚能繼續存在的傳統得到的卻不是重視與愛護，而是毀滅性的打擊與摧殘。馮友蘭的希望落空了，他的擔憂則不僅不是杞人憂天，而且還嫌估計不足。

今天，作為教育與學術文化方面的後來人，我們是否能痛定思痛，重視並愛護清華文科的學術傳統，恢復並發展清華文科的學術傳統呢？其實這也不僅是清華一校的事，每個學校的優良傳統都應該愛護並發揚，能否做到，歷史正等待着我們的回答。

謹以此文紀念馮友蘭先生誕辰105週年、逝世10週年！

2000年12月4日

寫成於燕園風廬

註釋

[1] 據馮友蘭先生在"文革"中所填《人員登記表・本人簡歷》："1918—1919，開封河南工業學校教員。"又據《三松堂自序》："我在北大畢業以後，回到開封，在一個中等專科學校教國文和修身。"

[2] 引自徵求意見稿《河南師大校史稿》第12—14頁，《河南大學校史》第18頁(中州大學、河南中山大學1949年後改為河南師範大學、河南大學)。

[3] 見河南人民出版社1992年6月版《三松堂全集》第十一卷第76頁。

[4] 引自《三松堂自序》，見河南人民出版社1985年9月版《三松堂全集》第一卷第58頁。

[5] 此據姚柯夫《陳中凡年譜》所引1925年10月26日《廣東大學週刊・文科朝會記》："(一)教職員：本科……增聘之教員：……哲學系教授二人，馮芝生(友蘭)、孫時哲(本文)……。(二)學生：……哲學系九人。本科各系主任為：……哲學系主任馮友蘭……。"

[6] 此據馮友蘭1926年某月《致陳鍾凡書》(已收入《三松堂全集》第二版第十四卷)："弟上學期在燕京授中國哲學史一學期，自《洪範》講至清末，只粗枝大葉，並無講義。本年弟在燕京只講人生哲學，未講哲學史。"又，1926年12月18日《北京大學日刊》云："文牘課十五年十二月十日發出文件：……請馮友蘭先生為本校講師聘書。"又，同年12月30日《北京大學日刊》載哲學系同學會通告云："西洋哲學史仍請馮友蘭先生負責教授。"

[7] 引自《三松堂自序》，見《三松堂全集》第一卷第73頁。

[8] 引自清華大學出版社1991年3月版《清華大學史料選編》第二卷(上)第331—333頁。

[9] 李廣深《懷念哲學大師馮友蘭先生》，見清華大學出版社1996年4月版《清華校友通訊》復33冊第133頁。

[10] 蒙培元《回憶與斷想》，見海天出版社1998年6月版《解讀馮友蘭・學人紀念卷》第136—137頁。

[11] 陳戰國《先生教我讀書》，見《解讀馮友蘭・學人紀念卷》第172—176頁。

[12] 《新學生與舊學生》，見河南人民出版社1994年1月版《三松堂全集》第十三卷第619—623頁。

[13] 《參觀北京中等學校記》，見《三松堂全集》第十三卷第616—618頁。

[14] 《怎樣辦現在中國的大學》，見《三松堂全集》第十三卷第631—633頁。

[15] 《大學與學術獨立》，見河南人民出版社1986年9月版《三松堂全集》第五卷第483－486頁。

[16] 《論大學教育》，見清華大學出版社1994年4月版《清華大學史料選編(四)》第220－222頁。

[17] 《三松堂自序》，見《三松堂全集》第一卷第331－332頁、322頁。

[18] 《三松堂自序》，見《三松堂全集》第一卷第320頁。

[19] 《清華發展的過程是中國近代學術走向獨立的過程》，見《三松堂全集》第十三卷第812－813頁。

[20] 《懷念梅貽琦先生》，見《三松堂全集》第十三卷第804－805頁。

[21] 《我所認識的蔡孑民先生》，見《三松堂全集》第十三卷第792－797頁。廣東人民出版社1999年8月版《中國現代哲學史》(即《中國哲學史新編》第七冊）第52－54頁。

[22] 《對於中國近五十年教育思想進展的體會》，見《三松堂全集》第十三卷第764－765頁。

[23] 《三松堂自序》，見《三松堂全集》第一卷第320－321頁。

[24] 《國立清華大學校務會議佈告(1931年11月23日)》，見《三松堂全集》第十三卷第699頁。

[25] 《國立清華大學校務會議佈告(1931年11月24日)》，見《三松堂全集》第十三卷第700頁。

[26] 據《國立清華大學校刊》第721期，參見河南人民出版社1994年11月版《馮友蘭先生年譜初編》165－166頁、181頁。

[27] 據雲南教育出版社1998年10月出版之《國立西南聯合大學史料(一)》第240－241頁。參見《馮友蘭先生年譜初編》第295－296頁、299頁。

[28] 《三松堂自序》，見《三松堂全集》第一卷第329頁。按，馮友蘭關於學潮問題的思想態度既與蔡元培相同，也與清華大學校長梅貽琦、北大校長胡適相同。據《朱自清日記》1936年2月23日記載，面對學生罷課、罷考，教授辭職的形勢，梅貽琦曾"動了感情，潸然淚下"。又，《梅貽琦日記》1945年11月5日云，"晚……飯後談政局及校局問題頗久，至12點始散。余對政治無深研究，於共產主義亦無大認識，但頗懷疑；對於校局則以為應追隨蔡孑民先生兼容併包之態度，以克盡學術自由之使命。昔日之所謂新舊，今日之所謂左右，其在學校應均予以探討之機會，情況正同。此昔日北大之所以為北大，而將來清華之為清華正應於此注意也"；同年12月17日云，"下午三點約教授會諸君茶話，報告最近數日經過，本人(與傅)感覺無望，不能不退避賢路之意。4點余先退出，諸君遂改為教授會，議決請緩辭，並於明日上午各系主任聯合召集學生代表勸告，並聽取意見。下午分系由各教授向本系學生勸告，如無效將總辭職"(見中國社會科學出版社1988年9月版《近代史資料》總70期)。胡適則於1947年發表談話，否定蔣介石文告關於當時學潮係受共產黨直接間接之策動的説法，認為"不如説這些行動是青年學生在對當前困難感到煩悶而發生的，比較公道些。國家各方不上軌道，政治不滿人意，沒有合法代表民意機關監督政府、改革政治，所以干預政治責任當然要落在青年學生身上。……不過學生罷課決不是改革政治的一種好辦法，……若是大家去研究政治，發表改革言論，或者乾脆跑到校外參加政治活動，在地上在地下工作，都無不可"(引自胡適思想批判討論會工作委員會秘書處1955年5月編印之《胡適言論輯錄(1926年至1954年)》第64頁。

[29] 參見《馮友蘭先生年譜初編》第724－725頁。

[30] 《對於中國近五十年教育思想的體會》、《再論"為學術而學術"的學風》，見《三松堂全集》第十三卷第764－778頁。

[31] 《樹立一個對立面》，見《三松堂全集》第十三卷第761－762頁。

[32] 《三松堂自序》，見《三松堂全集》第一卷第285頁。

[33] 《三松堂自序》，分別見《三松堂全集》第一卷第302－303頁、318頁、326－330頁。

[34] 《中國落後並非由於文化，厭學責任不在青年人》，見《三松堂全集》第十三卷第806－807頁。

[35] 《國立清華大學教授會宣言》，見《三松堂全集》第十三卷第657頁。

[36] 《清華現狀與我的態度》，見《三松堂全集》第十四卷第57頁。

[37] 載《國立清華大學校刊》第195期，見《馮友蘭先生年譜》第89頁、106頁。

[38] 參見《馮友蘭先生年譜初編》第108－109頁。

[39] 轉引自《瑤華聖土——記王瑤先生與清華大學》，見《隨筆》1992年2期。

[40] 《回憶清華哲學系》，見大眾文藝出版社2000年10月版《直道而行》第117頁。

[41] 《中國哲學與未來世界哲學》，見《三松堂全集》第十一卷第517頁。

[42] 《〈新知言〉自序》，見《三松堂全集》第五卷第163頁。

[43] 見《直道而行》第112頁。

[44] 據朱自清《中國文學系概況》，轉引自清華大學出版社1999年1月出版之《清華人文學科年譜》第106頁。

[45] 據吳宓《外國文學系課程編制大旨》，轉引自《清華人文學科年譜》第117頁。

[46] 引自清華大學出版社1997年5月出版之徐葆耕《釋古與清華學派》第120頁。

[47] 《中國近年研究史學之新趨勢》，見《三松堂全集》第十一卷第281頁。

[48] 《〈古史辨〉第六冊序》，見《三松堂全集》第十一卷第359頁。

[49] 轉引自王瑤《我的欣慰與期待》，見1988年11月6日《文藝報》。

[50] 《清華校史概略》、《清華的回顧與前瞻》，見《三松堂全集》第十三卷第707頁、751頁。

[51] 王國維1917年9月13日《致羅振玉書》，見中華書局1984年3月版《王國維全集．書信》第214頁。按，拙文《從顧炎武說到王國維——兼論中國文化的特質》（載《浙江社會科學》2000年1、2期）對後期王國維的思想有詳盡分析，可參看。

[52] [53] 陳寅恪《審查報告三》，見商務印書館1934年9月版《中國哲學史》下冊附錄。按，關於陳寅恪對待新舊文化的態度，拙文《"五四"的重估與中國文化的未來》（載《東方文化》1996年第3期）有較詳論述，可參看。

[54] 見中共北京大學委員會1960年2月《馮友蘭小傳》。

[55] 引自馮友蘭1967年1月4日所寫《解放以後我的反動思想、言論和行動的檢討》。

[56] 引自北大哲學系《"雙反"運動以來對馮友蘭教授批判情況》。

[57] 關於馮友蘭應歸屬於哪一家，拙文《關於馮友蘭的歸屬問題》（見《東方文化》1997年第2期）有具體論述，可參看。

[58] 《清華發展的過程是中國近代學術走向獨立的過程》，見《三松堂全集》第十三卷第810頁。

[59] 《清華的回顧與前瞻》，見《三松堂全集》第十三卷第751頁。

1950年代初的馮友蘭。

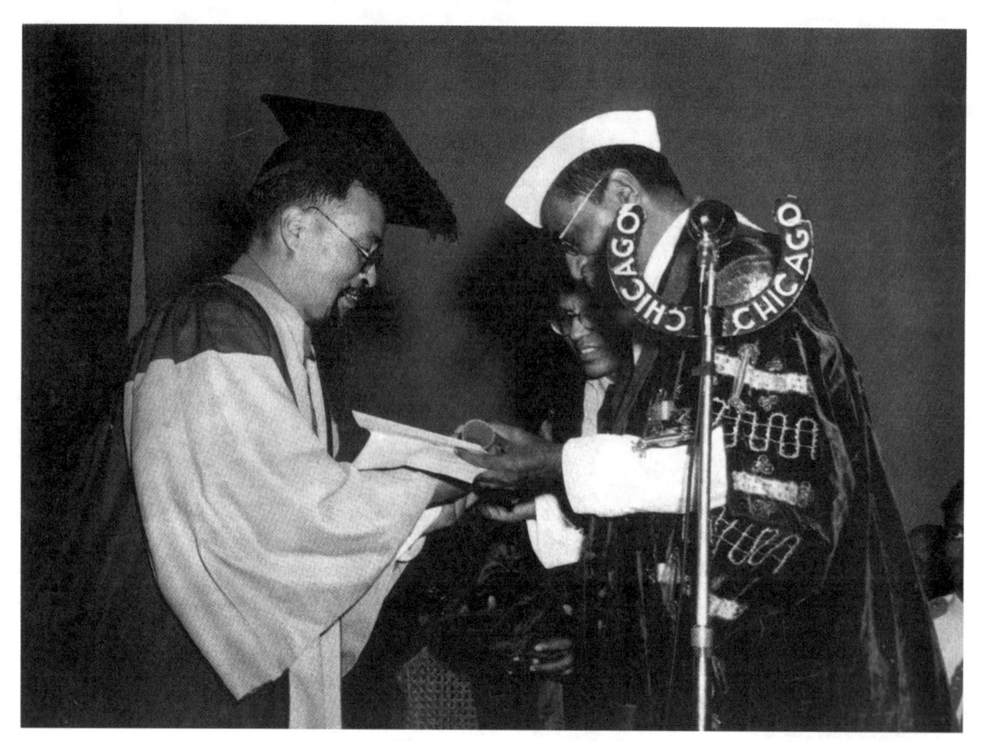

1951年印度德里大學授予馮友蘭名譽文學博士學位，印度總統兼德里大學校長普拉沙德向他授學位證書。

1950年代後期馮友蘭與同事們討論編寫中國哲學史教材。右起：馮友蘭、湯用彤、任華、黃子通、汪頤。

1954年5月出席政協組織的憲法草案初稿討論會(前排右三)。

1956年底隨中國佛教代表團出訪印度，出席紀念釋迦牟尼逝世2500週年大會及各種座談會。圖為馮友蘭與代表團成員合影(左四)。

1963年11月中國科學院哲學社會科學部委員擴大會議期間毛澤東接見與會者。圖為毛澤東與馮友蘭親切握手交談。右後為當時的文化部長周揚。

1970年代中期馮友蘭夫婦和中科院副院長吳有訓夫婦合影。

1983年12月在北大哲學系為慶祝馮友蘭從事教學科研60年舉行的茶話會上致詞，表示決心在有生之年寫完七卷本《中國哲學史新編》。

90歲的老人，聽力、視力及身體的其他部位均已出現生理障礙，他以一種頑強的信念支撐着寫作。

1981年10月赴杭州參加中國哲學史學會、浙江省社會科學院主辦的全國宋明理學討論會，與參加會議的日本、德國、加拿大、美國、香港等國家及地區的學者合影。左二為張岱年，左四為狄百瑞，右四為陳榮捷，右二為賀麟。

1982年9月10日下午4時半在哥倫比亞大學紀念圖書館圓形大廳接受該校校長授予名譽文學博士學位，馮友蘭由宗璞等陪同步入會場。

重訪哥倫比亞大學時吟詩明志並題贈狄百瑞教授。

1980年代在寓所與來訪者談話，右為北大哲學系青年教授陳來。

和研究生陳戰國在一起。

與關門弟子博士生張躍在一起。

1980年冬與哲學系青年教師李中華在書房中。

1988年7月在書齋會見前來拜訪的台灣大學陳鼓應教授。

1980年代後期與北京大學哲學系教授張岱年合影。

1989年在北大蔡元培紀念像前。

與女兒宗璞在一起。

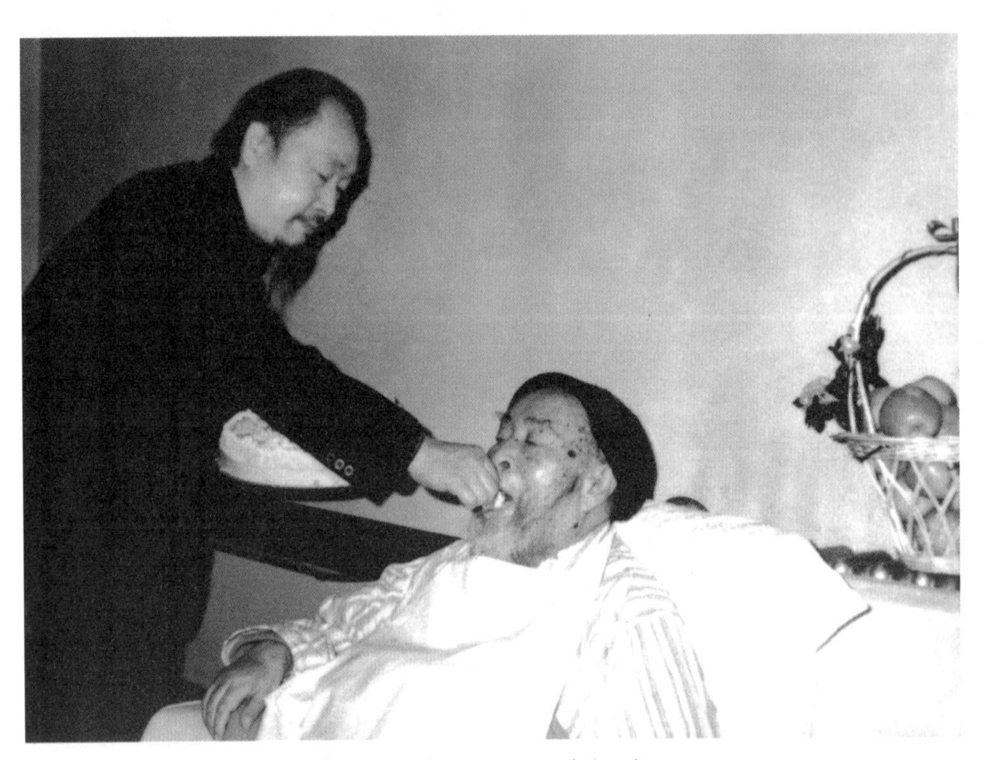

先生住院期間，為賀生日，女婿蔡仲德教授將生日蛋糕送入先生口中。

馮友蘭安葬於北京萬安公墓。圖為墓碑正面。

1995年12月在京召開“中國哲學及文化的融合與創新——紀念馮友蘭先生誕生一百週年——國際學術討論會”。圖為出席討論會的全體成員合影。

論馮友蘭的思想歷程

台灣《當代》月刊曾稱馮友蘭為“最富爭議性的人物”。在中國現代知識分子中，馮友蘭也許不一定就是最富爭議性的那一個，卻可以肯定是最富爭議性者之一。在所有關於馮友蘭的爭議中，最關鍵性的爭議就是如何看待馮友蘭的思想歷程，如何看待他1949年後的思想轉變，譽之者認為他1949年後“認同”於馬克思主義哲學，“為馬克思主義哲學中國化”而努力，認為馮友蘭經歷了“脱胎換骨”的轉變，這“不是被迫的勉強的轉變而是主動的自覺的轉變”，是“從謬誤向真理的轉變”，表現了“自我超越的理論勇氣”，表現了“努力追求真理的誠摯願望”[1]；譭之者也認為他1949後“接受了馬列思想，根本否定了……以前的觀點”，但認為這是出於“被迫”，是“隨波逐流”，“暴露了他那學術生命的脆弱性格，沒有真正抓到中國哲學的真髓，亦即‘生命的學問’，令人惋惜”，甚至因此全盤否定他的人格與學術，斷言他1949年後“缺乏任何正面的建樹，有之只是負面的影響”，斷言他的《中國哲學史新編》“是完全沒有學術價值的東西”，因而將他“排斥在新儒家的外面”[2]。那麼，1949年後的馮友蘭是否存在“脱胎換骨”的根本性轉變？究竟應該怎樣看待馮友蘭的思想歷程呢？本文試圖就此提出管見，以求教於海內外大方之家。

一、從三個時期的比較看馮友蘭的思想轉變

所謂“馮友蘭的思想轉變”，譭譽雙方都是指馮友蘭1949年後接受馬克思主義，否定自己1949年前的思想。因此，要弄清馮友蘭1949年後是否發生“脱胎換骨”的根本性轉變，就必須全面考察馮友蘭的一生，比較他各個時期對待馬克思主義的態度，看看他1949年

後是否完全接受馬克思主義，根本否定了自己過去的思想。

縱觀馮友蘭的一生，其思想歷程顯然可分為三個時期，即第一時期，1918—1948年；第二時期，1949—1967年；第三時期，1977—1990年。

（一）第一時期

早在1920年，馮友蘭就已開始注意到布爾什維克，説"中國現在空講些西方道理，德摩克拉西，布爾什維克，説的天花亂墜，至於怎樣叫中國變成那兩樣東西，卻談的人很少。這和八股策論，有何區別？我們要研究事實，而發明道理去控制他，這正是西洋的近代精神"[3]。1926年，馮友蘭就已對社會主義與唯物史觀有所評論，對前者有所肯定，而對後者則既有肯定又有批評，所以他在《人生哲學》中説"現在我們皆以社會主義的社會制度，比資本主義的社會制度為較優。所以者何？正因為有許多社會主義的社會制度所能滿足之慾，資本主義的社會制度不能滿足，而資本主義的社會制度所能滿足之慾，社會主義的社會制度多能滿足。社會主義的社會制度較優，正因其所得之和較大。……近幾年來，馬克思的經濟史觀，隨着他的社會主義，在中國頗為流行。我以為一時代的經濟情形，對於其時代之文化等，甚有影響。此誠無人否認。然……一切事物，必依其對人之物質的需要及慾望之關係，始可歸之於經濟範圍之內。故凡言經濟，則已承認有'心的現象'——慾望等——之先行存在。……凡人所作之事，如所謂經濟，宗教，思想，教育等，皆所以使人得生活或好的生活者。人因有慾，所以活動，此活動即是歷史，而經濟知識等，則歷史各部分之內容"[4]。

此後，他開始嘗試運用唯物史觀，強調"一時代內之哲人的哲學，不獨是那時代的經濟構造之反映，而且也是那時代的社會組織，政治制度，以及風俗習慣與生活方式之反映。研究某一時代內之哲學，而不明白那一時代哲學之時代背景，則必不能深刻理解那一時代的哲學之真精神"[5]，故其《中國哲學史》始終注重以社會經濟政治制度等的變更分析哲學思想的發展變化，在論郭象《莊子註》關於宇宙間事物關係的思想時他甚至說了這樣的話："'承百代之流，而會乎當今之變'，在此種整個的情形之下，必有某情形，某事物發生；此是必然。但吾人不能指某情形，某事物，是某情形，某事物的原因；此是獨化。此見解與所謂唯物史觀之歷史哲學，頗有相同之處。例如俄國革命，依唯物史觀之歷史哲學言之，乃在其時整個客觀環境之下，必有之產物，非列寧個人所能使之有也。上之所引'相反而不可以相無'之言，如附會之，亦可謂係講辯證法"[6]。

1934年，馮友蘭於英國講學之後，遊歷歐洲大陸，曾在蘇聯考察一個月零七天，他由此得出"封建社會'貴貴'，資本主義社會'尊富'，社會主義社會'尚賢'"的結論，認為"尚賢是最合理的。……這說明我對社會主義發生了好感"[7]。歸國後，他曾在清華大學、北京大學、燕京大學多次講演，其《在蘇聯所得之印象》演講明確表達了對社會主義的好感，其《秦漢歷史哲學》則進一步闡述了他所理解的唯物史觀，認為"沒有永久不變的社會政治制度"；"歷史演變乃依非精神的勢力。……我們知道唯物史觀的看法，以為社會政治等制度，都是建築在經濟制度上的，實在是一點不錯。……經濟制度，人是不是能以意為之呢? 也不能，因為一種經濟制度之成立，要靠一種生產工具的發明"；"歷史中所表現的制度是一套一套的。……有某種經濟制度，就要有某種社會政治制度。換句話說，有某種所謂物質文明，就要有某種所謂精神文明"；"歷史是不錯的。……我們不能離開歷史上的一種事情或制度的環境，而抽象的批評其事情或制度的好壞。……每一套的經濟社會政治制度，也各有其歷史的使命。例如資本主義的社會的使命，是把一切事業集中，社會化，以為社會主義社會的預備。在資本主義社會完全成功的時候，也就是他應該，而且必須，讓位的時候"；"歷史演變是辯證的。……在歷史的演變中，我們不能恢復過去，也不能取消過去。我們只能繼續過去。歷史之現在，包含着歷史的過去。這就是說歷史的演變，所遵循的規律是辯證的"；"在歷史的演變中……有不變者存。……基本道德……無所謂新舊，無所謂古今，是不隨時變的"[8]。

1940年出版的《新事論》又運用這種唯物史觀提出他關於東西文化關係、關於中國社會出路的見解，認為"生產方法隨着生產工具而定，社會組織隨着生產方法而定，道德隨着社會組織而定。生產方法不是人所能隨意採用者，所以社會組織及道德亦不是人所能隨意採用者"，認為東西文化的不同是生產方法的不同，西方經過了產業革命，產生了生產社會化的文化，中國未經產業革命，還是生產家庭化的文化，"中國現在所經之時代，是生產家庭化底文化，轉入生產社會化底文化之時代，是一個轉變時代，是一個過渡時代"，又認為"共產主義或社會主義，……在一個社會內真正實行，都是一個社會已行生產社會化底經濟制度以後底事。如一個社會尚未行生產社會化底經濟制度，則在這個社會裡談這些主義，都真正是不合國情，都是空談無補。中國現在最大底需要，還不是在政治上行什麼主義，而是在經濟上趕緊使生產社會化。這是一個基本。至於政治上應該實行底主義是跟着經濟方面底變動而來底"[9]。

1941年，馮友蘭在《中國社會的轉變》中說，當時有工業合作社的發展、國營事業的進步及中產階級的沒落等三件事情預示着中國未來社會的樣子，"若是工合及國營事業都有充分底發展，則於戰後，中國的社會情形即又不同。中產階級沒落以後，將沒有大資本家，而大家的財產都差不很多，大家同是賣力氣或是賣腦力底人。……現在有許多人討論，中國應當有什麼樣子底社會，是否須經過資本主義底社會的階段。其實中國的社會時刻在轉變中，有許多討論不決底問題，事實已經替討論底人早解決了”[10]，即認為中國有可能越過資本主義而進入社會主義（他晚年的看法與此有所不同）。

以上表明，自開始學術活動之日起，馮友蘭的思想便與馬克思主義有着某種聯繫。這一時期馮友蘭對待馬克思主義的態度，是將馬克思主義和古今中外其他思想體系放在平等的地位，既對它有所批評，又有選擇地吸取其中某些思想，用以研究中國哲學史，用以創立其新理學思想體系。他所吸取的主要是唯物史觀和社會主義、共產主義的理想，他認為這些思想與他的哲學史思想和新理學體系並不矛盾。他所批評的是對“心的現象”的忽視，是空談政治而不實行產業革命。

（二）第二時期

1948年12月14日清華大學原校長梅貽琦離開清華南下後，馮友蘭曾任清華校務會議代主席，迎接中共軍管會接管。1949年5月，北平市軍管會建立清華校務委員會，此時馮友蘭只是其中的一名普通委員。是年6月19日，馮友蘭於《進步日報》刊出《哲學家當前的任務》，其中說，“中國共產黨已經摧毀了在中國建立新世界底軍事上政治上的阻礙，而要改變這個歷史的古國底舊世界以建立新世界”，哲學家當前的任務是參加這個改變世界的事業，解釋世界，“如果正確地解釋了世界，這種解釋，就成為改變世界底指南針，因此就對於改變世界有了貢獻”。馮友蘭的意圖是以此為開場白，連續發表一些文章，寫出他對社會、文化改革的看法，他對世界的說明，成為一本新《新事論》。不料剛發表一篇，報社便通知不再登載這一類文章。是年8月，清華校務委員會主席葉企孫向馮友蘭傳達北平軍管會文化接管委員會主任錢俊瑞之言，說馮的思想“跟黨不合”，於是馮友蘭當即提出辭去校委會委員、文學院院長、哲學系主任之職，華北高等教育委員會批准了這一申請，並有批示：“馮友蘭……准仍以教授名義任職，應好好反省自己的反動言行。”[11]在此情況下，報刊上開始了對馮友蘭的批判，馮友蘭也不得不開始自我批判。

1951年，馮友蘭作為中國文化代表團成員訪問印度，接受德里大學授予的名譽文學博士學位。印度總統普拉沙德在授予學位的儀式上介紹馮友蘭的學術貢獻時曾提及《中國哲學史》及“貞元六書”，中國外交部獲悉後當即致電代表團，謂此介紹有問題，馮友蘭應於適當時機予以更正。馮因此不得不在加爾各答講演《新中國的哲學》時說：“中國革命成功，我認識到我過去的著作都是沒有價值的。”次年初回國後，馮奉命立即參加“三反”運動，多次檢查1949年前思想言行。第一次檢查承認1949年前有名位思想，想當大學校長，1949年後有進步；第二次檢查以名位思想為主，還承認有反共擁蔣思想，1949年後進步不多；第三次檢查以反共思想為主，1949年後已無反共擁蔣之心，只剩名位思想，其他方面無進步；均未獲通過。後又檢查多次，還涉及對美國、對梅貽琦、對卜德與李克的認識與態度等等[12]。最後，李廣田代表中共清華大學文學院黨組，宣佈對馮友蘭“免予處分”。在此情況下，馮友蘭於是年4月19日作“三反”總結發言，謂通過運動認識到過去言行的反動性、危害性，知道1949年後基本無進步，立場基本未改變。是年夏，進行院系調整，清華哲學系被取消，馮被調到北京大學哲學系。院系調整後進行評級，馮友蘭因過去的政治思想問題，被定為四級教授，月薪僅百餘元。他後來回憶這一時期的實際思想，說當時“覺得不如辭職自謀生活，閉戶著書”[13]，“我甚至想離開教育界。填分配工作的志願表時，我填的是科學院歷史研究所（當時尚無哲學研究所）”[14]。

此後，馮友蘭又繼續發表文章，批判自己過去的言行，被認為願意接受思想改造。1954年10月起，馮友蘭先後被任命為北京大學校務委員會委員，北大學報編輯委員會委員、全國政協特邀委員、《哲學研究》編輯委員會委員、中國科學院學部委員與常委，並被定為一級教授，月薪也相應提高。

1954年12月23日，馮友蘭在政協發言，表示願努力學習，繼續思想改造，“爭取真正成為一個偉大中國勞動人民的知識分子”。1956年2月又在政協發言，表示願“通過社會生活的觀察和實踐、業務的實踐和馬列主義理論的學習這樣三個互相聯繫的途徑逐步成長為全心全意為社會主義服務的知識分子”。1956年3月還曾提出入黨申請。發表《過去哲學史工作底自我批判》，承認《中國哲學史》同情客觀唯心主義和神秘主義，擁護程朱理學，《新理學》“錯在認為‘理在事先’”，《新原道》則把“極高明而道中庸”樹為中國哲學史的主流。1957年更發表《馬克思主義在中國的勝利》，宣佈“我過去是一個唯心主義的哲學家和哲學史家，現在轉向馬克思主義”。於是被派於1956年9月出席日內瓦“國際會晤”第十一次大會、列席威尼斯歐洲文化協會會員大會，於1956年11月出席印度紀念釋迦牟尼逝世2500週年大會。1957年初馮還應邀列席最高國務會議、中共全國宣傳工作會議，毛澤東曾於分組討論時對馮友蘭說“好好鳴吧，百家爭鳴，你就是一家嘛。你寫的東西我都看”。1957年4月11日，毛又邀請馮友蘭到中南海作客。

馮友蘭積極地批判自己，直至寫出系統批判自己的《四十年的回顧》，說“不堪往事重回顧，四十年間作逆流”（該書題詞）；直至根據所學到的馬克思主義觀點寫出《中國哲學史新編》一、二冊（後稱試行本），自以為已經“脫胎換骨”，於《新編》題詞中說“此關換骨脫胎事，莫當尋常著述看”，而社會上對馮友蘭的批判卻從未停止，幾乎他發表的每一篇文章都受到批判，連《新編》也不例外。他被視為“一方面不得不披上馬克思主義外衣，一方面實質上是在販賣唯心主義、修正主義，繼續對抗馬克思主義”[15]。即使在教學上，他也未獲信任，北大中國哲學史教研室所寫的一份材料說明了這一點：“1959年暑期我們決定由馮友蘭開‘中國哲學史’課時，……就是想讓他發揮一個反面教員的作用。……我們覺得這一年來，馮的反面教員的作用已經起到了，沒有必要再讓他逐堂講下去了。……下學期我們打算……發動同學……對馮的講授和他的講稿進行批判，……不打算再叫馮開中國哲學通史課，通史課全部由黨員和青年教員開”[16]。

但馮友蘭認為，不管別人怎樣批判，怎樣不信任，毛澤東對他是信任的，因而他對毛是感激的。1962年4月毛澤東在接見政協委員並合影時問起馮友蘭工作、健康情況，馮友蘭因而賦詩云“古史新編勞垂問，發言短語謝平章。……不向尊前悲老大，願隨日月得餘光”。“文化大革命”中，他被打成“反動學術權威”、“反共老手”，關進“牛棚”，屢遭批鬥。後由於毛的講話，方得以免遭批鬥，回家居住。馮友蘭因此對毛更為感激，也更主動地批判自己，寫成四萬字的《對於我過去的反動哲學體系的自我批判》，又賦詩云“善救物者無棄物，善救人者無棄人，為有東風勤着力，朽株也要綠成蔭”。這就決定了他必然響應毛澤東的號召，參加“批林批孔”運動，寫出《對於孔子的批判和對我過去的尊孔思想的自我批判》、《復古和反復古是兩條路線的鬥爭》這兩篇文章，寫出《論孔丘》這樣的小冊子，寫出《詠史詩》這種“評法批儒”之作。但應指出，劉述先所說“四人幫……授意馮友蘭在《光明日報》上發表文章”是不實之詞，當時《光明日報》刊載的兩篇文章本是馮談學習體會的發言稿，其發表並未徵得他本人的同意。“四人幫……授意”云云更是不知從何說起。

以上表明，馮友蘭在這一時期似乎確實出現了巨大的思想轉變，其主要傾向是全盤接受馬克思主義，全盤否定自己過去的思想。但第一，這種轉變並非單純出於主動與自覺，而是有一個從被迫到自願、從被動到主動的過程，且主動、自願時也還有被迫的因素，主動、自願中又含有附和的成分。第二，這種轉變並不徹底，因而還不是根本性的轉變，還不是脱胎換骨的轉變。所以他總要利用一切機會，想盡一切辦法，提出反主流的看法，為傳統思想辯護，也為自己過去的思想辯護，如1956年發表《關於中國哲學史研究的兩個問題》，強調唯物主義與唯心主義之間既有鬥爭也有滲透，反對將兩者的關係簡單化庸俗化；1956—1957年提出所謂"抽象繼承法"，力圖為傳統思想保留地盤；1957年4月在北大幹部鳴放會上強調"學術問題，……毛主席也不能解決一切問題。……學術問題應由教授決定"；1958年6月發表《樹立一個對立面》，反對實際上取消哲學系的"教育革命"主張，強調綜合大學哲學系的任務是培養專搞或多搞理論的人；1959年在《四十年的回顧·質疑和請教》中強調《新原人》的"境界"説仍有其合理性，唯心主義也有其可取之處；1961年9月在《再論孔子——論孔子關於"仁"的思想》一文中提出"普遍性形式"説，認為孔子關於"仁"的學説有進步性，不完全是欺騙；1961年11月發表《論唯物主義與唯心主義的互相轉化及歷史與邏輯的統一》，強調唯物主義與唯心主義既有互相排斥、鬥爭的一面，也有互相統一、轉化的一面；1962年7月發表《再論孔子》，強調孔子思想中的主要一面是新的進步的因素；1963年4月發表《關於一個理論問題的質疑與請教》，為"普遍性形式"説辯護；1963年8月發表《關於論孔子"仁"的思想的一些補充論證》，提出"君師分開"論，1963年11月發表《關於孔子討論的批評與自我批評》，提出"治統"、"道統"對抗説，肯定儒家道統的歷史意義；如此等等。這就無怪乎當局會對馮友蘭作出鑒定，說“他雖然表面上說願意並且也作了一些自我批判，但其‘新理學’的觀點都原封未動。……至於政治立場更沒有多大轉變，資產階級學術思想仍然根深蒂固”[17](這一鑒定作於1960年，卻代表了整個五、六十年代當局對馮的基本看法）。

（三）第三時期

1977年上半年起，北大開始批判馮友蘭，要他說清楚與“四人幫”的關係，同時停發抄寫人工資，拆走電話，不准參加國際會議(是年6月開羅大學曾來函邀請馮出席在該校召開的國際哲學會議)。北大校內出現了針對馮友蘭的大字報，《歷史研究》更發表了以“文化大革命”語言與手法批判馮友蘭的文章，甚至捏造事實，說馮友蘭曾參與江青召集的陰謀策劃會，當面向江青“獻黑詩”[18]。次年3月，《哲學研究》又發表文章，以“文化大革命”手法與語言批判馮友蘭，甚至為“四人幫”減輕罪責，說他們“是跟在一位腦後拖着一條封建長辮的中國資產階級教授屁股後面跑，只是將顧問多年來為地主資產階級妄圖復辟而鼓吹的反革命‘理論’付諸實踐，變成了篡黨奪權的反革命行動而已”[19]。同年10月，馮友蘭要求應邀出席東京國際大學“在變動的世界中各國文化如何適應變化”座談會，未獲准。同年11月，要求會晤來華訪問的卜德，也未獲准。也是在這一年，馮友蘭被取消全國政協委員資格。這時馮友蘭所受的壓力之大至少不下於1949年、1952年、1966年、1973年。而他的夫人又於此時在批判聲中病故。外界的壓力、內心的悲痛促使馮友蘭猛醒，他曾為夫人撰輓聯云：“在昔相追隨，同榮辱，共安危，出入相扶持，黃泉碧落君先去；從今無牽掛，斷名韁，破利鎖，俯仰無愧怍，海闊天空我自飛。”這是他從第二時期向第三時期轉變的突出標誌。

馮友蘭曾在《三松堂自序》中回憶此時的境況與心情説："經過'四人幫'這一段折騰，我從解放以來所得到的政治待遇都取消了，我又回到解放初那個時期的情況。這也可以説是'赤條條來去無牽掛'吧。可是又不然，還是有一件大事牽掛着我，那就是祖國舊邦新命的命運，中華民族的前途。"[20]正是在這樣的情況下，他又開始寫《中國哲學史新編》。

1982年1月，《中國哲學史新編》第一冊出版，其自序總結"文革"前、"文革"中的經驗教訓，提出"修辭立其誠"的原則，決定在繼續寫《新編》的時候，"只寫我自己……對於中國哲學和文化的理解和體會，不再依傍別人"。所以他堅持拋開"文革"前已出版的兩本《新編》，在80多歲的高齡從頭開始寫七卷本的《中國哲學史新編》。此後的歲月，既是他以耄耋之年撰寫《新編》的過程，又是他"修辭立其誠"，"海闊天空我自飛"的過程。

同年9月，他在接受哥倫比亞大學名譽博士學位致答詞時提出，就像馬克思主義的來源之一是德國古典哲學一樣，中國的馬克思主義也需要以中國古典哲學為來源之一，他寫《中國哲學史新編》的目的，就是要從中國古典哲學找出有用的東西，為建立中國的馬克思主義即包括新文明各個方面的廣泛哲學體系提供營養。1984年3月，他又在《對於中國文化前途的展望》中説："我所能做的事就是把中國古典哲學中的有永久價值的東西，闡發出來，以作為中國哲學發展的養料，看它是否可以作為中國哲學發展的一個來源。"

1983年2月，他於《哲學研究》發表提交夏威夷朱熹學術會議的論文《宋明道學通論》，充分肯定道學，強調道學即新儒學是關於人的學問，其目的是要在人生的各種對立面中求得統一；肯定道學所説公私之分、義利之辨，認為為己是不道德的，為他是道德的，自私完全克服就能得到最高幸福；認為"在新的歷史條件下，公私之分、義利之辨仍然是判斷人的行為的最高標準"。同月，又發表《論〈美的歷程〉——致李澤厚》，認為道學是仁學，是人學，肯定道學家"名教中自有樂地"的境界，即所謂"極高明而道中庸"的境界，因而明確主張為道學平反。

1985年3月，《新編》第三冊出版，其中強調董仲舒為中國封建社會所制定的上層建築在當時是進步的。同年6月，他於《中華孔子研究所成立大會會刊》發表《如何研究孔子之我見》，提出研究孔子首先要研究宋明道學，研究宋明道學就要講義利之辨，這對今天有指導意義，說明中國古典哲學是有中國特色的社會主義的來源之一；又提出研究孔子與宋明道學應該用宋明書院的方法，不是增加知識，而是提高精神境界，"尋孔顏樂處，所樂何事"。1986年5月發表《通論道學》，肯定名教就是自然，肯定道學"去人慾，存天理"的主張，讚賞"孔顏樂處"及"人慾盡處，天理流行"的境界，認為道學對人類理智發展與幸福提高作出了貢獻。

1986年9月，《新編》第四冊出版，此冊改寫了《中國哲學史》之玄學、佛學部分，提出了新說，認為玄學的主題"有"、"無"是"異名同謂"，據此分析，可說明玄學發展的三個階段，即"貴無"、"崇有"、"無無"；認為佛學的主題是主觀唯心主義與客觀唯心主義的鬥爭，以此為線索，可說明佛學發展的三個階段，即格義、教門、宗門。

1987年3月，寫成《毛澤東思想與中國古典哲學》，認為毛澤東思想的來源之一是中國古典哲學，毛在認識論、在一般與特殊關係問題上繼承並發展了中國古典哲學，在辯證法問題上則拋棄了中國古典哲學"仇必和而解"的路線而實行馬列主義"革命到底"即"仇必仇到底"的路線。認為"按民主集中制的思想，人民的意見，經過集中必須統一，在會議中，一個議案的表決必須全體一致，選舉必須全票，用這種辦法所得到的結果，是‘同’而不是‘和’，因為它不能容忍少數，它不能容忍‘異’。從‘和’的觀點看，少數固然應該服從多數，多數也應該容忍少數。凡是關於行動方面的事，少數應該服從多數，……凡是無關於行動的事，多數應該容忍少數，使他們把不同意見保留下來，不僅保留在他們的頭腦中，而且可以發表宣傳。人民的意見總是不完全一致的。……作為一個政治家，毛澤東似乎是知‘同’而不知‘和’”。認為“有中國特色的社會主義的藍圖已經可約略地看到了，它將是以‘和’為中心的中國文化的繼續和發展，這個繼續和發展將是中華民族在理論上和實踐上對人類的大貢獻”。同年5月，與張岱年談起此文，說應該自己怎樣想就怎樣寫，不人云亦云，如不能出版，就藏之名山。

同年7月，發表《〈中國哲學史新編〉回顧及其他》(陳來整理)，其中說：“現在仍有人‘見利忘義’，說明還要提高人的精神境界。在這個時候，有人提出‘義利之辨’，這就是中國古典哲學將成為具有中國特色的社會主義精神文明的一個來源的跡象。如果對這一類跡象因勢利導，必將加速現在的精神文明建設，並使之更具有中國特色。”

同年11月16日，與清華來訪者談話[21]，說“我在清華的幾十年是我一生中最幸福的時代”。

1988年1月，《新編》第五冊出版，此冊對道學提出新見，認為道學的主題是講“理”，其中分程朱理學、陸王心學、張王氣學三派；道學又分前後兩期，用黑格爾的三段法說，前期二程是肯定，張載是否定，朱熹是否定之否定，是前期之集大成者；後期朱熹是肯定，陸王是否定，王夫之是否定之否定，是後期之集大成者，也是全部道學之集大成者。又認為在鞏固專制主義的中央集權的政權和融合民族方面，宋朝繼續了唐朝的事業，並且補做了唐朝所沒有做的事，那就是在上層建築中，出現了包括自然、社會和個人生活各方面的廣泛哲學體系——道學。道學批判而又融合了佛教、道教，繼承而且發展了儒家，是中國封建哲學發展的高峰。同月，發表《論中國傳統文化的特質》，認為基督教文化重天，是天學，佛教多講人死後之地獄輪迴，是鬼學，中國文化重人，是人學；認為宋明道學尤其着重講人，要人辨義利公私，提高境界，其方法則是"極高明而道中庸"，此即中國傳統文化的特質。

同年7月，馮友蘭寫《康有為〈公車上書〉書後》(後收入《馮友蘭學術精華錄》)，肯定康有為"公車上書"、"五四"運動等中國知識分子干預政治的傳統。

次年1月，《新編》第六冊出版。此冊翻了農民起義後建立的太平天國政權的案，翻了反對太平天國政權的曾國藩的案，認為"中國維新時代的主題是向西方學習，進步的人們都向西方學習，但不能倒過來説，凡向西方學習的都是進步的人們。……洪秀全和太平天國所要學習而搬到中國來的是西方中世紀的神權政治，那正是西方的缺點。西方的近代化正是在和這個缺點的鬥爭中而生長出來的，……洪秀全和太平天國如果統一了全國，那就要使中國倒退幾個世紀。……曾國藩……阻止了中國的倒退，這就是一個大貢獻。……他也有大過，那就是他開創了以政帶工的方針政策。西方國家的近代化走的是以商帶工的道路，這是一個國家從封建進入近代化的自然道路。曾國藩違反了這個自然道路，因而延緩了中國的近代化"。

同年4月，撰《懷念梅貽琦先生》，認為從清華到西南聯大，再到抗戰勝利，清華北返，始終堅持了新文化運動"學術第一，講學自由，兼容併包"的精神，清華的歷程就是中國學術獨立自由的歷程，"這是中華民族中興的頭等大事，在這一方面，清華是一個典範。作為長期的領導人，梅先生將與清華共垂不朽！這座銅像(指梅貽琦銅像

——蔡按）就是一個象徵”。同年5月，五次簽名，呼籲當局妥善解決學潮問題。次年5月4日，撰《紀念新文化運動》，強調新文化運動提出的民主與科學的原則“對我們現在的人們還是有用的”，認為“民主有一條基本原則：少數服從多數。……還要加上另方面的原則：多數容忍少數。……多數容忍少數只能使人民更加團結，國家更加統一，不會亂‘套’”。

1990年7月，《新編》第七冊殺青。其中認為政治有兩種：一種是“王”，一種是“霸”，前者“以德服人”，後者“以力服人”，“中國的歷代王朝都是用武力征服來建立和維持其統治的，這些都是霸。至於以德服人的，則還沒有”。其中又為陳獨秀“二次革命”論翻案，既肯定陳的思想，認為繼國民革命之後的革命應該是資產階級的民主主義革命，而不是無產階級的社會主義革命，又指出陳尚未認識東西文化不同的根本原因是自然經濟與商品經濟的不同，從自然經濟到商品經濟需要一個相當長的歷史時期，所以繼國民革命而起的革命，只能是資產階級的民主革命而不能是無產階級的社會主義革命，所以半封建半殖民地社會不能直接進入社會主義社會。其中又認為毛澤東一生分為三個階段，其第一階段是科學的，第二階段是空想的，第三階段是荒謬的，其空想來自馬克思主義的空想部分，即認為馬克思主義提出了社會主義、共產主義的理想而未解決實現此理想的道路問題，所以各社會主義國家都不得不進行改革；認為商品經濟不能越過，因而不能不顧及生產力的發展水平超前建立社會主義，無產階級和資產階級一樣不過是資本主義社會中的一個對立面，並不代表新的生產力、生產關係，它即使取得政權，其任務也應該是推動生產力的發展，為更高級的社會形態的出現準備條件，而更高級的社會形態的出現則需要第二次產業大革命。其最後一章《〈中國哲學史新編〉總結》，重新肯定中國哲學提高人的精神境界這一根本精神，肯定“為天地立心，為生民立命，為往聖繼絕學，為萬世開太平”的“橫渠四句”，肯定“內聖外王之道”，肯定宋明道學家推崇的“孔顏樂處”、“仁”的境界，肯定《新原人》所提出的“天地境界”，即“極高明而道中庸”的境界；重新肯定作為哲學方法的理智與直覺，認為二者不可偏重，也不可偏廢，真正的哲學是二者的結合；認為客觀的辯證法不是馬克思主義與毛澤東思想的“仇必仇到底”，而是中國古典哲學的“仇必和而解”，現代社會，特別是國際社會，是照着這個客觀辯證法發展的，“人是最聰明的、最有理性的動物，不會永遠走‘仇必仇到底’那樣的道路。這就是中國哲學的傳統和世界哲學的未來”。

以上表明，在這一時期，無論是對待馬克思主義，還是對待自己過去的思想，馮友蘭都在逐步做到“不依傍別人”，而作出自己的結論，且在學術與政治兩方面都敢於提出新見（《新編》前三冊還可見“依傍別人”的明顯痕跡，第四冊以後則自己的結論越來越多，新見越來越多。故他自己說越寫到後來越感到自由，寫到最後一冊、最後一章，更感覺到了“海闊天空我自飛”的大自由）。故他對馬克思主義既有所取，也有所棄，對自己1949年前的思想既有所改變（如由“理在事先”改為“理在事中”），也有所發展（如關於玄學、佛學與道學），而其根本思想則是回到1949年前（如重新肯定道學，肯定公私之分、義利之辨，肯定“天地境界”）。這就可見，關於《中國哲學史新編》“完全沒有學術價值”、關於馮1949年後“缺乏任何正面的建樹，有之只是負面的影響”的說法與事實並不相符。

以上也表明，這一時期馮友蘭努力的根本目的是為中國古典哲學找出與“有中國特色的社會主義”的結合點，找出與“中國的馬克思主義”的結合點，以便使中國哲學的根本精神得以發揚光大。這其實也是他畢生奮鬥的目的。

比較以上三個時期，可以看出馮友蘭對待馬克思主義的態度，第二時期與第一、第三兩個時期顯然不同；馮友蘭對待自己 1949 年前思想的態度，第二時期是在否定中曲折地有所肯定，第三時期是在回歸中有更正與發展。1949 年後，其思想有變也有不變，變的是枝節，是現象，不變的是根本，是本質，因而不存在所謂“脱胎换骨”的轉變。縱觀其一生，馮友蘭與馬克思主義之間的關係有一個由自由取捨到被迫認同再到自由取捨的變化；與此相應，馮友蘭本人的思想則有一個由形成體系到被迫放棄再到回歸體系的過程。

總之，本文認為，縱觀馮友蘭的一生，應將他的思想歷程分為上述三個時期。而對馮友蘭進行譭譽的雙方卻都實際上只把它分為1949年前後兩個時期（如劉述先就明確說“要討論馮友蘭，必須要把他劃分成為前後兩個時期，以大陸易手為分水嶺”），又都對馮友蘭 1949 至 1976 年的思想只見現象不見本質，對他 1977 — 1990 年思想與 1949 — 1976 年思想的不同則視而不見。這就是他們儘管立場不同，卻都認為馮的思想在 1949 年後發生了根本轉變的原因。

二、從與賀金梁熊的比較看馮友蘭的思想轉變

賀麟、金岳霖、梁漱溟、熊十力是馮友蘭的同時代人。和馮友蘭一樣，賀、金、梁、熊也是中國現代哲學家或思想家，也經歷了1949年前後的巨變。但一般認為，賀、金與馮友蘭情況相近，都是思想轉變的典型，梁、熊則與馮友蘭適成對比，同為堅持操守的範例。將他們分別與馮友蘭作一比較，將有助於恰如其分地評估馮友蘭的思想轉變。

（一）與賀麟、金岳霖的比較

賀麟（1902—1992）於40年代將西方新黑格爾主義與中國陸王心學相結合，創立了"新心學"即"理想的唯心論"哲學體系。1949年後，他於1951年說"參加土改改變了我的思想"，明確表示否定自己"靜觀世界"的唯心論，而對辯證唯物論的實踐性、階級性有了認識[22]。1955年，更進而表示"和自己過去的反動唯心論思想劃清界限"，完全接受辯證唯物論[23]。此後，自50年代直至80年代，他以全部精力進行對黑格爾及西方現代哲學的翻譯、研究與批判，"試圖遵循着《共產黨宣言》中說的共產主義革命'在自己發展進程中要同傳統的觀念進行最徹底的決裂'這一原則。……期望通過批判，對於學習馬列主義和毛澤東思想有所促進和裨益"[24]。

金岳霖（1895—1984）於30至40年代將西方邏輯分析方法與中國哲學結合，創立了道論哲學體系，提出了獨特的認識論及邏輯思想。50年代初，他開始與自己過去的思想決裂；1956年，他加入了中國共產黨；1958年，他宣佈自己已成為一個馬克思主義者。此後，他連續發表《論真實性與正確性底統一》、《對舊著〈邏輯〉一書的自我批判》、《論"所以"》、《論推論形式的階級性和必然性》[25]等系列論文，論證推理形式有階級性，不同階級有不同的推理形式、不同的邏輯，否認人類有共同的推理形式。他將自己過去的思想概括為用《論道》那樣的唯心主義的世界觀和《知識論》那樣的唯心主義的認識論來寫《邏輯》這本書，也是用唯心主義化了的、形而上學化了的形式邏輯來推廣唯心主義的世界觀和認識論，從而全盤否定了自己過去的學術思想。

顯然，和馮友蘭一樣，賀麟、金岳霖1949年後也出現了巨大的思想轉變，也全盤接受了馬克思主義，全盤否定了自己過去的思想；

和馮友蘭一樣，賀麟、金岳霖的思想轉變也是在當時改造知識分子的客觀環境中出現的，因而也帶有一定被迫、被動的成分。這就是為什麼 1952 年“三反”運動高潮中，金岳霖作為運動中的積極分子，在動員馮友蘭“徹底交待”時，卻與馮抱頭痛哭。但1949年後，賀麟、金岳霖受到的壓力比馮友蘭小得多(對賀麟的公開批判很少，對金岳霖的公開批判更幾乎沒有)，而他們的轉變卻比馮友蘭更為徹底(賀麟否定“新心學”之後便全心關注對西方哲學的批判，而置“新心學”於不顧。金岳霖否定道論體系之後便全心關注邏輯問題，也置其原有體系於不顧。他們對自己過去的思想似乎都已義無反顧，毫不留戀，做到了真正的決裂)，所以與馮友蘭不同，他們倒真可以說是經歷了“脫胎換骨”的轉變，真可以說是認同於馬克思主義，而根本否定了自己過去的思想（也許這就是他們二人生前都已成為中共黨員的原因）。所以他們的思想歷程就只有 1949 年前後兩個時期，而未能像馮友蘭那樣出現一個恢復自我、回歸原有體系的第三時期。

（二）與梁漱溟的比較

梁漱溟（1893—1988）於 20 年代將儒家思想與西方柏格森生命哲學結合，提出其新孔學的文化思想，認為西方文化“意欲向前”，強調人與自然的對立，物質上成就巨大而精神上受了創傷，中國文化“意欲調和”，強調人與人的和諧，物質落後而精神優越，認為西方文化已經過時，中國文化必然取代西方文化而盛行於世。但與馮友蘭、賀麟、金岳霖等一般學者不同，梁漱溟1949年前主要是社會活動家，又是民盟創始人，其立場距國民黨遠，離共產黨近，其作為往往有利於中共，故在毛澤東等心目中梁的地位比馮友蘭等重要，梁的言行比馮友蘭等可取。1949 年至 1953 年 9 月，梁不僅從未受到批判，而且還“有幸成為毛澤東主席的座上客"[26]，毛曾親自過問梁的住房與生活，安排梁住進頤和園，又曾多次約梁長談，梁則既"深感榮幸"，又認為這是毛對他的"耳提面命，諄諄教誨"[27]；毛等也期望着梁的思想轉變，故也要求他參加土改，到各地參觀，學習馬列毛著作，而梁則沒有辜負期望，如所要求的那樣寫出了《兩年來我有了哪些轉變》、《我的努力與反省》，說他"生極大慚愧心，檢討自己錯誤所在，而後恍然中共之所以對"，表示放棄自己從前的政治主張，承認中共的領導，接受中共階級鬥爭、武裝革命的路線，尤其佩服毛澤東，說"毛主席的領導真使我五體投地佩服。他確是高明英明，實在了不起，簡直無話可形容。返觀自己，簡直太蠢了"[28]。但他並不全部接受馬克思主義觀點，在"如何接受唯物觀點、舊日中國社會是不是封建社會、中國社會的發展有沒有自己的特殊性"等問題上仍保留自己的看法。

1953年9月，梁關於工人生活提高很快，農民生活依然很苦的發言招致毛澤東的迎頭痛擊，其發言被加上"反對總路線"、"破壞工農聯盟"的罪名，梁本人則被說成是"用筆殺人"、"反動透頂"，是"野心家"、"偽君子"，從此便開始了對梁的大規模批判。但梁對此的反應不是對抗，而是為自己的所作所為"悔恨不已"、"慚愧得不能自容"[29]，並致函毛澤東，要求請長假閉門思過，要求給予機會當眾檢討。1956年，他還在全國政協發言，表示"歡迎各方對我的批判，擁護這一次批判我的運動"，說"可以說解放後幾年的生活過程，整個就是我認識錯誤逐漸深入的過程"，"我不可能有別的心情，只有甘心情願盡力擁護政府所提倡的一切運動——包含批判我的思想運動在內"[30]。1958年，他在政協整風小組會所作"向黨交心"發言則與此有所不同，他表示擁護批判是從政治立場擁護，學術思想（關於柏格森哲學，關於佛教出家思想等）則有所保留。

梁在1973—1974年"批林批孔"運動中堅持不批孔，說"三軍可奪帥也，匹夫不可奪志也”，此種精神確實難能可貴。但《今天我們應當如何評價孔子》一文表明他當時的思想還存在另一方面，即強調西洋文化從身出發，從物理出發，中國文化從心出發，從情理出發，儘管中國傳統文化有很大缺點，致使生產技術大大落後於西方，造成近一百多年的大失敗，“然而時來運轉，值此社會主義行將取代資本主義的世界革命前夕，廣大人類所需要者正在倫理情誼”[31]。他於1967—1972年所寫《中國——理性之國》[32]，更大大發揮了這一思想。此書將毛澤東所說“在共產黨領導下，只要有了人，什麼人間奇蹟也可以創造出來”與儒家心性學說，與梁的西方文化從物出發、中國文化從心出發說結合，無限誇大人的主觀能動作用，視之為社會發展的根本動力，認為這就是中國儘管生產力落後，卻能越過資本主義階段進入社會主義的原因，就是中國能成為反修防修的堅強堡壘，成為“世界革命先導”的原因。他於1975年寫成、1985年出版的《人心與人生》同樣誇大人的主觀能動作用，明確提出“不要拘泥於上層建築從屬於社會經濟基礎的舊眼光，而應當曉得人類歷史愈到後來人的主觀能動力愈大之理”，認為“人類社會發展在最近的未來，無疑地要從資本主義階段轉入社會主義階段；隨着社會經濟這一轉變的到來，近代迄今盛極一時向着全世界展開的西洋文化即歸沒落，而為中國文化之復興，並發展到世界上去”，認為“資本主義下的社會人生是個人本位的；……社會主義的社會人生是社會本位的；……階段既泯，國家消亡，刑賞無所用而必定大興禮樂教化”，又由此聯繫《東西文化及其哲學》，説“古東方文化如印度佛家、中國儒家，均是人類未來文化之早熟品；因為不合時宜就耽誤（阻滯）了其應有的（社會）歷史發展，……但從世界史的發展而時勢變化，昨天不合時宜者今天則機運到來。其關鍵性的轉折點即在當前資本主義之崩落而社會主義興起。此一轉變來自社會經濟方面，卻歸根結果到人類心理上或云精神面貌上起變化”[33]。1985年他在答汪東林問時，仍重複這一觀點，說西洋文化的特色是“人對自然”，注重對自然的認識、征服、利用，中國文化的特色是“人對人”，重心在社會和諧，中國文化將“為世界行將開出的社會主義共產主義之先導”[34]。

以上表明梁漱溟的思想歷程不能像馮友蘭那樣分為三個時期，而只能像賀麟、金岳霖那樣分為1949年前後兩個時期。以上又表明像馮友蘭一樣，梁漱溟在1949年後也出現了巨大的思想轉變，這種轉變也帶有被迫的成分（梁在1953年後經受了巨大的政治壓力），但他所轉變的主要不是學術思想，而是政治思想。就學術思想而言，他敢於堅持儒家心性學說與禮樂教化，敢於頂住批孔浪潮，體現了獨立思考的可貴品格。就政治思想而言，他由犯顏直諫變為“慚愧”、“悔恨”，“閉門思過”，一再檢討，再變為“甘心情願盡力擁護政府所提倡的一切運動”，全盤肯定50年代以來的一系列運動（《中國——理性之國》），宣揚人的主觀能動性決定一切，宣揚主觀能動性可使經濟最落後的國家變為政治最先進的國家，只要發揮主觀能動性，就可使半封建半殖民地的中國越過資本主義，直接進入社會主義、共產主義（《中國——理性之國》、《人心與人生》等），則既是以馬恩列斯的某些言論，尤其是以毛澤東的某些言論代替自己的思想，又是用自己過去的東西文化觀肯定毛澤東“無產階級專政條件下繼續革命”的理論，即以其學術思想為毛澤東的政治路線服務。這又表明他已在某些方面放棄獨立思考，因而也就多少有損於他原有的獨立人格。[35]

（三）與熊十力的比較

熊十力（1885—1968）早年投身辛亥革命，35歲後為對辛亥革命進行哲學反思、理論補課而從事學術著述，於30年代吸收、改造中國傳統哲學與佛教唯識學、柏格森生命哲學思想資料，創立了"體用不二"的"新唯識論"哲學體系。此後，他曾拒絕蔣介石的饋贈，而與中共則頗有來往（如曾介紹董必武與鮮英相識，後鮮英住所遂成為中共代表團秘密活動地點），因而中共對他的態度也就不同一般。

1949 年 10 月，董必武、郭沫若曾聯名電邀滯留廣州的熊十力北上。熊離廣州北上時，葉劍英曾到車站送行，到武漢後，林彪、李先念曾設宴款待。抵北京後，其住房、傢具均由政府購置。董必武、郭沫若、林伯渠、徐特立、艾思奇等常去看望熊十力。熊的著作如《與友人論張江陵》、《與友人論六經》、《新唯識論》（刪定本）等均由董必武、林伯渠等幫助印行。熊有喜歡搬家的習慣，常為擇屋、搬遷等事去找董必武，以致董有"我成了你熊十力一個人的副主席了"的戲言。

1954 年 10 月底熊離京定居上海。抵滬後，熊曾致函郭沫若，肯定中國的成就，肯定"社會主義、共產主義之公理"，並提出肅清西洋唯心論，禁絕存留資產階級思想的著作，以孔子之學及其他中國唯心派著作為吸取馬列主義之基礎，使馬列主義中國化的主張，說："竊幸五年之間，國基大定，世界局面隨之轉變，大地人類心理皆仰注於中夏。……馬列諸哲所以斥破唯心論，確因西洋唯心論者徒逞空理論，不務實事求是，不與勞動眾庶同憂患，託於資產階級以苟偷逸樂，為革命之障礙物。若不肅清之，真人道之憂也。至於孔子之學，與西洋唯心論絕不相似。萬懇辟漢人之竄亂與偽託，而昭明孔學真相，為吸收馬列主義之基礎。自中國解放以來，社會主義、共產主義之公理，已彰著於普天之下。除美國貪毒之當權者最少數人而外（英國更是少數，不待言），決無有頑抗民主之新運者。今日對中外唯心論似宜分別去取。凡其著作，如有反人民、反革命、反科學及存留資產階級思想與擁護帝國主義者，仍當一律禁絕。凡唯心論派著述，若無上舉諸過者，當助其流通。使萬國學人釋其疑慮，樂於歸向新制度，豈不甚休。”[36]

上海市長陳毅曾令市府秘書長為熊解決住房問題，並致函熊十力，謂“無論從事著述或作個人修養，政府均應予以照顧和協助。毛主席和黨的政策如是訂定，甚為合理，我人所應遵辦者也。至學術見解不能盡同，亦不必強求其同，此事，先生不必顧慮”[37]。陳還曾在上海高校教師會上稱熊為“國寶”，號召人們去向熊求教。一次政協開會，有人反映熊脾氣怪，在列車上不准關車窗，使同車廂的人受不了，陳毅卻說中國只有一個熊十力，應設法照顧好，給他包一個軟臥車廂。由於得到陳毅及董必武、郭沫若等關照，熊的新著《原儒》、《體用論》、《明心篇》、《乾坤衍》等得以陸續出版，《存齋隨筆》得以寫成，熊的學術思想得以堅持並有所發展。

除董必武、郭沫若、陳毅外，周恩來對熊十力亦格外關心。每次熊赴北京開會，周對熊的坐車、住所，乃至房間內的暖氣、窗簾等等均一一過問。

而熊對此也曾作出反應。1963年春，熊曾致函董必武，說“余覺得赫魯曉夫焚史太林屍，是毀社會主義。其對我國與對阿國等之作風，都不是社會主義的行徑，吾何忍不關心？……我現在對赫魯之事已放心了，我已明了中央政策”[38]。此年年底，熊再次致函董必武，並要求董將此函“千萬代陳毛主席賜閱”，其中說：“周總理之《政府工作報告》力未能赴會場親聽，只好在住室內細心研究，反覆數番。唯覺得偉著廣大深遠，精細正確，不獨是我國革命和建設之寶典，而實乃全世界人類反資、反帝、反殖民，消滅三大毒物，趨進於共產主義社會之慧日也。於此偉著中……有一處云‘人類的歷史就是一個不斷地由必然王國向自由王國發展的歷史，這個歷史永遠不會完結’云云。這段文義，力覺得有甚深與宏富無盡的含蓄（義？）。……讀周總理此次偉著啟發我對於階級鬥爭一廣至大的問題，自愧昔年無真瞭解，……今讀周總理此書，乃知階級不易消滅，地主以至土豪劣紳、奸商等等，潛藏於社會上各機構中者，莫不包藏禍心，而且階級鬥爭的問題太廣大，不獨國內有之，國際間強吞弱，而弱者互相團結以滅強暴，正是階級鬥爭。我們應當新（深？）思遠慮，對於階級鬥爭不能鬆懈，直到共產主義社會實現，方無階級鬥爭。我若不讀周總理之偉著，將長在糊塗中過活。此次參加大會真是幸事。人生對於世事萬不可糊塗也。糊塗是失去人的良心，即不成為人也。……敬請主席崇安並敬謝周總理偉著之盛德。”[39]。次年年初，熊又一次致函董必武，談讀《政府工作報告》的體會，並請董將此函轉致周恩來、陳毅、郭沫若。直至此時，董必武等才謹慎地向熊推薦馬列毛的著作，供其閱讀，而所推薦各書又為周恩來私人買送[40]。

以上表明，熊十力的思想歷程也應分為 1949 年前後兩個時期，熊在 1949 年後也出現了思想轉變，他所轉變的有學術思想（由重唯識學變為重體用論，即由近唯心論變為近唯物論），但主要是政治思想，這都相同於梁漱溟而不同於馮友蘭。如上所説，熊十力的學術思想在 1949 年後不僅仍能堅持，甚且有所發展，因而與第二時期的馮友蘭很不相同，與賀麟、金岳霖很不相同，也與梁漱溟有所不同（梁的學術思想在 1949 年後雖能基本堅持，卻並無發展）。郭齊勇在述及這一現象時曾説，“他大概是我國哲學界唯一一個在50年代沒有系統讀過馬列主義哲學著作的人，也是唯一一個在解放後繼續搞自己的一套哲學的人”，“熊十力是 50 年代至 60 年代初唯一沒有遭到大張旗鼓地批判、沒有作過檢討的老哲學家，又是出版學術專著最多的哲學家……。這究竟是為什麼呢？我想這主要是熊先生的一套思想是反思辛亥革命的、是反封建主義的，而他的真正的哲學內容與意義，一般人很難理解，他的讀者面很小，沒有梁漱溟、胡適、馮友蘭、賀麟的影響大，特別是他在我們黨的高層領導中有周恩來、董必武、陳毅等知音"[41]。此說不為無見，但"知音"云云似可商榷。本文認為，陳毅所說"學術見解不能盡同，亦不必強求其同"已表明周、董、陳並不贊同熊的哲學，因而他們並非熊的知音，熊之所以能在1949年後堅持並發展自己的學術思想，其主要原因有二，一是熊在1949年前與國民黨的關係較遠，與共產黨的關係較近，在1949年後又肯定中共階級鬥爭、興無滅資、反帝反殖、反修防修等內外政策路線（這或許有其良苦用心，即企圖藉此達到保存並弘揚傳統學術文化、保留並發展他自己的學術思想體系之目的），而未如梁漱溟那樣批評過現實政治；二是如郭文所說，熊的著作讀者面小，其影響不如賀麟、金岳霖、梁漱溟，更不如馮友蘭。

通過比較可以看出，在中國現代學術界，所謂"思想轉變"並非馮友蘭獨有的現象。和馮友蘭一樣，賀麟、金岳霖、梁漱溟、熊十力1949年後都出現了思想轉變，只是轉變的側重面互不相同，轉變的程度也不相同。就第二時期而言，馮友蘭在學術思想方面的轉變程度與賀、金相當，而大於梁、熊；在政治思想方面的轉變則並無突出表現。就第三時期而言，馮友蘭在學術上回歸於自己的思想而又有所更正與發展，其情況不同於賀、金，而與梁則有同又有異（梁的《人心與人生》重複了《東西文化及其哲學》的思想，學術上並無變化與發展）；在政治上敢於解放思想，提出新見，與賀、金不同，與梁也不相同（熊於1968年去世，不可能有第三時期）。

三、馮友蘭思想轉變的原因

無論如何，馮友蘭在其思想歷程的第二時期確實出現了巨大的思想轉變。本文認為，對這一轉變須從主客觀兩方面加以分析。就客觀方面說，馮友蘭處於一個罷黜百家，獨尊馬列的時代，處於一個其領袖集君師於一身的國家。從橫向看，罷黜百家，獨尊馬列，原社會主義陣營各國無一例外，而尤以中國為甚——中國共產黨長期認為惟獨它高舉馬列大旗，堅持反修防修，堅持無產階級專政條件下的繼續革命。從縱向看，中國歷來君、師分開，帝王之政統須尊崇孔孟之道，尊崇“至聖”、“亞聖”之道統（至少在表面上不得不如此），當代的毛澤東則不然。毛澤東，正如《新編》第七冊《毛澤東和中國現代革命》章所說，“他集黨、政、軍大權於一身，並且被認為是思想上的領導人，他是中國歷史上一個最有權威的人。在幾十年中，他兼有了中國傳統文化中所謂‘君、師’的地位和職能”。作為這樣的時代、這樣的國家的最高領袖，毛澤東不允許有“中國的馬克思主義”——毛澤東思想以外的思想體系存在，不允許有他自己以外的思想家、哲學家存在，因此知識分子便必須進行思想改造，思想家、哲學家更必須轉變自己原有的思想。所以賀麟、金岳霖、梁漱溟都無例外地受到批判（或公開，或不公開），也都必須進行自我批判，宣佈放棄自己的思想體系。至於像熊十力那樣能繼續出書，堅持並發展自己思想，則只能說是惟一的例外，何況他在 1949 年後出版的書，除《原儒》外，印數僅有二百冊，在思想界、學術界並無多大影響。

如果說賀麟、金岳霖、梁漱溟都必須進行自我批判，宣佈放棄自己原有的思想體系，那麼馮友蘭就更是如此。與熊十力相反，1949 年前，馮友蘭的著作影響甚大，其“貞元六書”每一書的出版，都曾引起熱烈的批評與討論，《新理學》還曾於 1940 年獲當時教育部組織之抗戰以來學術著作評獎一等獎。所以賀麟曾說，馮友蘭“對於著作的努力，由新理學新事論新世訓貞元三書，發展為五書（加上新原人新原道二書），引起國內思想界許多批評，討論，辯難，思考，使他成為抗日戰爭期間，中國影響最廣聲名最大的哲學家"[42]。馮友蘭又與國民黨有一定關係，曾兩度加入國民黨，為重慶中央訓練團、中央政治學校講中國哲學，又曾出席國民黨第六次全國代表大會並任其主席團成員，與蔣介石也有所接觸。1949 年後，上述影響與聲名，上述與國民黨的關係，給馮友蘭帶來了數量最多、持續最久的批判（就哲學界而言）。在此情況下，馮便不得不無數次批判自己，表示放棄自己過去的思想體系，而認同於馬克思主義、毛澤東思想。在此轉變過程中，毛澤東又直接間接起了巨大作用。1949 年 10 月，毛澤東在給馮友蘭的回信中強調，馮"過去犯過錯誤"，必須"採取老實態度"，改正錯誤[43]。於是便開始了對馮的批判，馮也開始了自我批判。此後毛對馮說的一切（見本文第一部分）則是對馮轉變思想的肯定與鼓勵起了促進作用，包括批林批孔。1972 年 6 月，毛曾派謝靜宜問候馮；1973 年底，毛曾肯定馮的批孔與自我批判文章（《三松堂自序》："後來在 1974 年 1 月 25 日國務院直屬單位批林批孔大會上謝靜宜的一篇報告中……說，在有一次會上，北大匯報批林批孔運動的情況，說到我那兩篇文章，毛澤東一聽說，馬上就要看。謝靜宜馬上回家找着這兩篇文章，回到會場交給毛澤東。據說毛澤東當場就看，並且拿着筆，改了幾個字，甚至還改了幾個標點符號。後來就發表了"）[44]；約 1975 年底，毛又曾向全國推薦馮的《論孔丘》。

就主觀方面說，馮友蘭之所以接受上述客觀環境影響，出現思想轉變，則還與他自身的內在因素有關。

（一）政治信仰的因素——"若驚道術多遷變，請向興亡事裡尋"

馮友蘭曾在《三松堂自序》中說："父親後來成了清光緒戊戌科進士。伯父、叔父都是秀才，在祖父教育下，我們這一家就成為當地的書香之家。”[45]又，馮友蘭的父親去世時，馮友蘭僅13歲，此後他與弟景蘭、妹沅君便由母親吳清芝親手帶領長大，教育成人，而吳清芝對他們的希望就正是接續這“書香之家”。故《三松堂自序》又說：“母親是我一生中最敬佩的人，也是給我影響最大的人。……她是封建社會的完人。”[46]在這樣的家庭中，馮友蘭自幼接受傳統儒家教育，其影響可謂根深蒂固，不可動搖。20歲後，馮友蘭雖然也曾接受“五四”運動洗禮，也曾接受西方教育，其影響卻均不能與傳統教育相比。

儒家的信條是“天下興亡，匹夫有責”，處於民族危亡的時代，作為現代新儒家的馮友蘭，其對國家命運的關切就更為強烈。他曾在《中國哲學史》下冊自序中說“此第二篇稿最後校改時，故都正在危急之中。身處其境，乃真知古人銅駝荊棘之語之悲也。值此存亡絕續之交，吾人重思吾先哲之思想，其感覺當如人疾痛時之見父母也。吾先哲之思想，有不必無錯誤者，然‘為天地立心，為生民立命，為往聖繼絕學，為萬世開太平’，乃吾一切先哲著書立說之宗旨。無論其派別為何，而其言之字裡行間皆有此精神之瀰漫，則善讀者可覺而知也。‘魂兮歸來哀江南’，此書能為巫陽之下招歟？是所望也”[47]，又曾在《新原人》自序中說“‘為天地立心，為生民立命，為往聖繼絕學，為萬世開太平’，此哲學家所應自期許者也。況我國家民族值貞元之會，當絕續之交，通天人之際、達古今之變、明內聖外王之道者豈可不盡所欲言，以為我國家致太平，我億兆安心立命之用乎？雖不能至，心嚮往之。非曰能之，願學焉。此《新理學》、《新事論》、《新世訓》，及此書之所由作也”[48]。他原寄“貞下起元”、民族復興的希望於國民黨，但1948年，他卻在《林屋山民饋米圖卷敘》中借評論清末廉吏暴方子之機，表達了對國民黨腐敗統治的失望：“在有一封信中，曲園先生說‘百姓之謳歌，萬不敵上官之考語，足下宜慎之’，這真是很痛切的一句話。近年以來，我們親眼看見，許多官吏對於辦理政治，只顧自己的考成，不管百姓的死活，而中國之大，尚沒有發現一個像方子先生那樣以直道忤上的廉吏。於此更可見方子先生的行為是難能而可貴的了"[49]。於是，他便將此希望轉寄於共產黨。這就是他1948年急於從美國趕回北平的原因，這也就是他在《哥倫比亞答詞》中說如下一段話的原因："中國革命勝利了，革命帶來了馬克思主義的哲學。絕大多數中國人，包括知識分子，支持了革命，接受了馬克思主義。人們深信，正是這場革命制止了帝國主義的侵略，推翻了軍閥和地主的剝削和壓迫，從半封建半殖民地的地位拯救出了中國，重新獲得了中國的獨立和自由。人們相信馬克思主義是真理。"[50]這同樣也是賀麟、金岳霖、梁漱溟、熊十力1949年後留在大陸並接受馬克思主義的原因(無論是在政治方面，還是在學術方面，或同時在這兩方面）。

五十年代初中共在土改、抗美援朝、經濟建設等方面取得的勝利，六十年代中國原子彈試驗的成功，七十年代初中國在外交方面取得的勝利（恢復在聯合國的地位，中美建交，中日建交），都加深了馮友蘭一代知識分子對共產黨，對馬克思主義的信心與信念，也都使他們越來越自願地響應號召，接受思想改造，加劇思想轉變。1972年1月9日上午，梁漱溟曾特地到北大訪馮友蘭，兩位老知識分子為中國恢復聯合國地位一事興奮不已，也對毛澤東更為佩服，相談至午後二時方才分手。是年7月，馮曾作《贈王浩並序》云："王浩，清華研究院哲學系畢業，於1946年赴美。1972年返國，與談哲學思想改變事。去日南邊望北雲，歸時東國拜西鄰。若驚道術多遷變，請向興亡事裡尋。"是年9月，馮又為尼克松、田中訪華事賦詩二首，其一云："才送總統回北美，又來首相自東洋。百年爭鬥今全勝，不是葵花也向陽"；其二云："生逢西后棄疆土，老見東邦拜國門。一代興衰親歷過，不須家祭望兒孫。"

這些詩寫出了馮友蘭當時的心態，也寫出了他那一代知識分子的共同心態，說明了他們接受思想改造，出現思想轉變的一個重要原因。正是出於這種心態，馮友蘭曾寫《韶山頌》組詩；同樣是出於這種心態，金岳霖在讀此組詩後曾致函馮友蘭，說"很多好思想，佩服之至。……我也有向陽之願，可是連螢火之光都發不出來了"[51]。正是出於這種心態，馮友蘭參加了"批林批孔"，寫了《詠史詩》；同樣是出於這種心態，金岳霖曾肯定馮的《詠史詩》，並說："批林批孔是偉大的運動，它不只是中國的大事，而且也是全世界的大事，將來全世界都是要和舊的傳統觀念做最後的決裂的，就是不塞不流，不止不行。我們這樣的老傢伙能夠躬逢這樣偉大的時代，這是我們的幸福，你能直接參加，那更好一些了，我現在不能直接參加，只能搖旗吶喊助威而已。……我沒有直接參加批林批孔運動，體力實在不行。但是我也進行了自我檢查和自我批評。"[52]

（二）學術思想的因素——"闡舊邦以輔新命"

馮友蘭在晚年總結其近一個世紀的生活歷程時，屢次提到"舊邦新命"，其《哥倫比亞答詞》說"我生活在不同的文化矛盾衝突的時代。我的問題是如何理解這個矛盾衝突的性質，如何處理它們，以及在這個矛盾衝突中何以自處。……我經常想起儒家經典《詩經》中的兩句話：'周雖舊邦，其命維新。'……中國就是舊邦而有新命。新命就是現代化。我的努力是保持舊邦的同一性和個性，而又同時促進實現新命"，其《〈三松堂學術文集〉自序》說"我經常想起《詩經》中有兩句詩：'周雖舊邦，其命維新。'……這個舊邦要適應新的環境，它就有一個新的任務，即在新的歷史條件下，在這塊古老的土地上建設新的物質文明和精神文明；這就是'新命'。這個有'新命'

的‘舊邦’，就是我們現在常説的社會主義祖國。……怎麼樣實現‘舊邦新命’，我要作自己的貢獻”，其《康有為〈公車上書〉書後》説“《詩經》有一首詩説：‘周雖舊邦，其命維新。’我把這兩句詩簡化為‘舊邦新命’，……‘舊邦’指源遠流長的文化傳統，‘新命’指現代化和建設社會主義。闡舊邦以輔新命，余平生志事，蓋在斯矣”[53]。

因為處在“不同的文化矛盾衝突的時代”，需要回答“如何理解這個矛盾衝突的性質，如何處理它們，以及在這個矛盾衝突中何以自處”的問題，因為要使“舊邦”適應新的環境，使“舊邦”實現“新命”，馮友蘭思想與傳統文化的關係便只能是“接着講”而不是“照着講”，其中便必然出現傳統文化所沒有的新東西。這些新東西，除來自西方的邏輯分析方法之外，就是同樣來自西方的唯物史觀與社會主義共產主義理想。如本文第一部分所説，馮友蘭思想歷程的第一時期已含有這些成分，而這正是他之所以能在第二時期認同中國式的馬克思主義即毛澤東思想，出現思想轉變的內在因素。

而馮友蘭所更注重的則是如何在新的歷史條件下保持“舊邦”的同一性和個性，所以他強調區分歷史中可變的成分與不變的成分，努力發掘傳統文化中具有永恆意義、永久價值的東西。他認為，“中國所缺底，是某種文化底知識，技術，工業；所有底，是組織社會的道德”[54]。所以在他看來，這些具有永恆意義、永久價值的東西就是義利之辨、公私之分，就是道德境界、天地境界、“極高明而道中庸”的境界，就是“內聖外王”之道。他在第一時期便突出地強調它們是中國傳統文化中最具特色的東西，是中國傳統文化的精髓，是中國文化能為世界文化作出的貢獻；他在第二時期雖認同於馬克思主義，一再否定自己的思想，卻總要想方設法為上述境界辯護，強調它們在今天的意義；他在第三時期更強調它們有助於建設社會主義精神文明，可作為有中國特色的馬克思主義的一個來源。他曾明確地說：“通觀中國歷史，每當國家完成統一，建立了強大的中央政府，各族人民和睦相處的時候，隨後就會出現一個新的包括自然、社會、個人生活各方面的廣泛哲學體系，作為社會結構的理論基礎和時代精神的內容，也是國家統一在人的思想中的反映。儒家、新儒家都是這樣的哲學體系，中國今天也需要一個包括新文明各方面的廣泛哲學體系，作為國家的指針。總的説來，我們已經有馬克思主義和毛澤東思想。馬克思主義會變成中國的馬克思主義，毛澤東思想還會發展。中國的馬克思主義，……這就是毛澤東思想。……為現代中國服務的包括各方面的廣泛哲學體系，會需要中國古典哲學作為它的來源之一嗎？我看，它會需要的。我們應當為這個廣泛的哲學體系準備材料，鋪設道路”[55]。這表明，他認為傳統文化強調的義利之辨、公私之分，傳統文化提倡的道德境界、天地境界，傳統哲學“內聖外王”的路子，傳統哲學為現實政治服務，成為國家的指針與理論基礎，成為統一人民思想手段的取向，與“有中國特色的馬克思主義”是相通的，而這正是他在第二時期認同中國式的馬克思主義即毛澤東思想，出現思想轉變的更重要的內在因素。

客觀環境的作用使馮友蘭的思想轉變帶有被迫、被動的成分，主觀因素的作用又使馮友蘭的思想轉變帶有主動、自覺的成分。主客觀因素的交互作用，使馮友蘭的思想轉變成為歷史的必然。

四、從思想轉變説到“馮友蘭現象”及其意義

1991年12月，馮友蘭的子女在北京西郊香山腳下為馮友蘭建墓

立碑，碑陰刻有一聯："三史釋今古，六書紀貞元"。其中"三史"是指馮著《中國哲學史》、《中國哲學簡史》、《中國哲學史新編》，"六書"則指其《新理學》等"貞元六書"。"三史釋今古，六書紀貞元"係馮友蘭生前自撰，它既概括了馮一生的學術貢獻，也揭示了馮"闡舊邦以輔新命"的"平生志事"。

如從馮友蘭思想歷程的三個時期考察"三史"、"六書"的寫作，則可以發現，馮在第一時期寫了二史、六書，建立了自己的哲學體系，確立了自己在中國現代哲學史上的地位；在第二時期，正如馮友蘭自己所說，"也寫了一些東西，其內容主要是懺悔，……並在懺悔中重新研究中國哲學史，開始寫《中國哲學史新編》"[56]；在第三時期，馮否定了第二時期所寫的兩冊《新編》，從頭開始寫作，完成了七冊《新編》，作出了新的貢獻。這就表明，馮友蘭一生的三個時期分別是他實現自我、失落自我、回歸自我的時期(當然，正如本文第一部分所表明，馮友蘭的第二時期並未完全失落自我，第三時期則於回歸中既有修正又有發展。此處所謂"失落"、"回歸"是就大體而言）。

思想轉變不是馮友蘭獨有的現象，失落自我也不是馮友蘭獨有的現象。不僅哲學界的賀麟、金岳霖，而且文學界的郭沫若、茅盾、老舍、曹禺等等也在1949年前實現了自我，在1949年後失落了自我，巴金則在1949年後失落了自我，在1977年後回歸了自我。但與賀麟等不同，也與巴金不同，馮友蘭的失落自我曾引起海內外的普遍關注、熱烈爭議，他的回歸自我也就更值得研究，也必將引起學術界的關注與討論。

20世紀中國學術文化的發展軌跡呈一個"之"字形：近代以來中西文化的衝突與交融，"五四"前後政治紛爭、思想自由的格局，帶來了中國現代文化的繁榮，使蔡元培、陳獨秀、胡適、梁漱溟等思想家，熊十力、馮友蘭、金岳霖、賀麟等哲學家得以湧現；1949年後罷黜百家、獨尊馬列的局面使中國學術文化步履維艱，出現停滯與倒退；八十年代後的“新時期”，言論思想相對自由，學術文化重又趨向繁榮。馮友蘭的思想歷程正與中國現代學術文化的發展軌跡相符。本文因此將馮友蘭實現自我——失落自我——回歸自我的歷程稱為“馮友蘭現象”，認為它是中國現代知識分子苦難歷程的縮影，是中國現代學術文化曲折歷程的縮影，具有典型意義。

1949 年後罷黜百家，獨尊馬列，使馮友蘭一代知識分子失落自我，出現學術上的停滯與倒退；1977年後有了較為寬鬆的政治思想局面，又使馮友蘭一代知識分子有可能回歸自我，在學術上作出新的貢獻，這一事實充分說明思想言論自由是文化創新應有的客觀條件。因為人就是文化，文化就是人，人與文化的本質在於自由，沒有自由，人就成為非人，文化就無從創新。以知識分子為改造的對象，定一種思想於一尊，就必然遏制創新，扼殺文化，造成文化的停滯與倒退。這是“馮友蘭現象”給我們的啟示之一。

和歷史上的儒家、新儒家一樣，馮友蘭等現代儒家仍然取“內聖外王”乃至“應帝王”的路向，以其學術為現實政治服務。而政治強調規範，學術要求自由；政治力求維持既存秩序，學術要求不斷創新；政治保護集團私利，學術追求人類理想；二者難免出現矛盾衝突，學術為政治服務，其結果必然是以學術屈從政治，為政治犧牲學術。這就是馮友蘭在“批林批孔”中走了彎路的原因，也就是金岳霖在邏輯論爭中走了彎路的原因。所以金岳霖晚年沉痛地說，“(我)最好不加入黨不加入盟。我有時有這個看法。認為這是自知之明。我這個搞抽象思想的人確實不宜於搞‘政治’。在解放前，我沒有搞過什麼‘政治’，那時我似乎有自知之明。我在解放後是不是失去了這個自知之明呢? ……”[57]，而王浩《金岳霖先生的道路》一文則說：“因為政治形勢變動太快，又與一個社會特殊的情況關係太密，學術上所追求的相對的普遍性及永久性往往和配合政治的要求發生衝突。特別在哲學的探索中，較基本的研究和當前宣傳的需要有頗大的距離，是兩種不同性質的任務，很少人能在兩方面同時作出很好的成績。”[58]吸取這一教訓，我們應該提倡為學術而學術，為文化而文化，使學術、文化既超越政治，又干預政治，以其理想改善政治。這也是“馮友蘭現象”給我們的啟示之一。

“闡舊邦以輔新命”的“平生志事”表明馮友蘭一代知識分子具有強烈的愛國熱情，其精神十分感人。但他們對於群體與個體、國家與個人的關係，往往重視前者而輕視後者，甚至不區分祖國與政權，不考慮政權的性質，而總是強調國家的主權，忽略個人的人權。所以馮友蘭曾說：“一個愛國的人，應該只愛他的國，不應該問他的國是不是值得愛。”[59]梁漱溟則說，“社會為本，個體則其支屬。人類生命寧重在社會生命之一面”[60]，“資本主義下的社會人生是個人本位的，……社會主義的社會人生是社會本位的”。這種國家至上的觀念決定他們往往把國家的獨立、統一看得高於一切，以致在國家的強權面前放棄知識分子應有的獨立思考與獨立人格，自己忍受來自國家的侵害而不反抗，也對國家侵害他人的現象保持沉默。吸取這一教訓，我們今天應對群體與個體、國家與個人的關係有清醒的認識。不是個體為群體、為國家、社會而存在，而是群體、國家、社會為個體而存在，群體、國家、社會的合理程度決定於它在多大程度上保障個體的利益，多大程度上滿足個體的要求。所以必須區分祖國與政權，區分政權的性質，使政權盡可能地維護個體的人權。這也是“馮友蘭現象”給我們的啟示之一。

文化的創造既需要自由的客觀社會條件，更需要發揮主體的創造精神，而在前者尚未具備時，如果具備後者，文化也還可能在艱難中向前發展。而想要發揮主體的創造精神，知識分子不僅必須正確對待學術與政治、個人與國家的關係，而且必須“得意忘形”，忘名利，忘生死，既無所羈絆，又無所畏懼，能為文化而文化，為文化而獻身。在這方面，馮友蘭就是一個例證。他之所以能回歸自我，是因為如他自己在《中國哲學史新編》第七冊《自序》所說，“在那個時候，我開始認識到名、利之所以為束縛，‘我自飛’之所以為自由。在寫本冊第八十一章的時候，我真感覺到‘海闊天空我自飛’的自由了。在寫第八十一章的時候，我確是照我所見到的寫的。並且對朋友們說：‘如果有人不以為然，因之不能出版，吾其為王船山矣。’……此所謂‘文章自有命，不仗史筆垂’”。“海闊天空我自飛”就是“得意忘形”，這是難以企及的人生境界。在古代中國，惟有莊子、嵇康、李贄能達到這種境界。在當代中國，梁漱溟於“批林批孔”時曾達到這種境界，馮友蘭於他辭世之前也達到了這種境界。作為現代知識分子，我們不應“隔岸觀火”，以此苛求別人，而應努力修養，使自己達到這種境界。這也是“馮友蘭現象”給我們的一個啟示。

五、餘論

關於馮友蘭的爭議，尤其是關於馮友蘭思想歷程、思想轉變的爭議正方興未艾。這理應是學術上的爭議，爭議的目的則是澄清事實，弄清真相，對馮友蘭這位中國現代哲學家、哲學史家兼教育家作出恰當的評估。竊以為為了達到這一目的，爭議必須尊重事實，服從學理，排除政治偏見的干擾，還必須對被爭議者有同情的瞭解。政治偏見常使人自覺不自覺地不顧事實，違背學理，譭譽失當。缺乏同情的瞭解則難免對被爭議者作出苛評。

可喜的是，隨着時間的推移，已有越來越多的學者拋棄政治偏見，對馮友蘭的學術與人格作出客觀公正的評價。大陸的汪子嵩、海外的傅偉勳就是這方面的突出代表。

馮友蘭去世後不久，傅偉勳曾撰一文，其中言及他1987年所寫《馮友蘭的學思歷程與生命坎坷》，而有如下一段文字："我對他晚年的行為表現所作的苛評，今天重新'蓋棺論定'，應該收回。……包括文革在內的近現代中國歷史變遷，如此錯綜複雜，我們千萬不能針對個人去作歷史的以及道德的評價，我們必須從多種角度去多次考察整個事件，整段歷史的前因後果，來龍去脈。……將近九十高齡的馮友蘭仍能面對自己，談誠、偽之分，敢於公開自己的錯誤，敢於剖心，似乎暗示他的赤子之心始終未泯。他的內在真實不因外在苦難與'吾不得以也'的曲折妥協，而消失不見。"[61]此可謂真正的"平心而論"，此類尊重事實，排斥偏見，對所論對象具同情瞭解的做法令人感佩。

上引傅文涉及馮友蘭在"批林批孔"運動中的表現，傅1987年對馮所作"苛評"，是以馮的這一表現作為重要根據，某些論者否定馮友蘭，也是以馮的這一表現作為重要根據。那麼，究竟應該怎樣看待馮的這一表現呢？本文願意就此談談自己的理解。

馮作為一位思想自成體系的哲學家卻放棄獨立思考，"總覺得毛主席黨中央一定比我對"[62]，接受"評法批儒"觀點，寫出批孔文章，對"批林批孔"運動起了推波助瀾的作用，其教訓是深刻的。

但第一，批孔是以革命（即"無產階級專政條件下繼續革命"）的名義進行的，馮作為中國哲學史領域最大權威，作為最大的尊孔派，如不批孔，便必然成為革命的對象。在既沒有說話的自由，也沒有不說話的自由的情況下，為了保全自己，即為了生存下去，以便完成《中國哲學史新編》（進入70年代以後，馮一直在進行《新編》的寫作），他便不得不走上批孔的道路。我們不必贊同馮的做法，但卻可以理解馮的處境。

第二，馮在“批林批孔”中的問題在於批孔文章，而不在其他方面。馮的“梁效”顧問名義，既是當時的北京大學黨委所加（參見《三松堂自序》），更是出於毛澤東的旨意[63]，而非馮友蘭本人的意志所能左右，故馮對此並無責任。“批林批孔”的發動者是毛澤東和當時的中共中央，馮參加這一運動的原因之一，是對毛澤東的信任，是響應毛澤東與中共中央的號召，而與江青等“四人幫”無涉。將馮與毛澤東的關係説成馮與“四人幫”的關係，是對事實的歪曲；不究其源，卻追究黨外老知識分子的責任，則是對公正的嘲弄。歷史總有清楚的一天。

總之，本文完全贊同1990年傅文所説，“近現代中國歷史變遷，如此錯綜複雜，我們千萬不能針對個人去作歷史的以及道德的評價”，認為在考察馮1949年後的思想轉變時應該注意這一點，在考察馮在“批林批孔”中的表現時同樣應該注意這一點。

1994年11月寫

1995年3月改

1995年12月再改

1996年8月改定

註釋

[1] 見張岱年《馮友蘭哲學思想的轉變給我們的啟示》(載《高校理論戰線》1991年二期、張岱年《馮友蘭先生“貞元六書”的歷史意義》(載北京大學出版社1993年10月出版之《馮友蘭先生紀念文集》)、方克立《馮友蘭與中國哲學現代化》(此為作者1993年6月21日在台灣“中國哲學在中國歷史的回顧與發展”研討會上報告的論文,後刊於《中國文化研究》)。

[2] 見劉述先《平心論馮友蘭》(載《當代》三十五期,1989年3月。本文引劉的言論均出自此文)、傅偉勳《馮友蘭的學思歷程與生命坎坷》(載《當代》十三、十四期,1987年5、6月)。

[3] 《與印度泰谷爾談話》,見《三松堂全集》第一卷第6頁。

[4] 見《三松堂全集》第一卷第525、576頁。

[5] 《怎樣研究中國哲學史》,見《三松堂全集》第十一卷第365頁。

[6] 見《三松堂全集》第三卷第122頁。

[7] 《三松堂自序》,見《三松堂全集》第一卷第86頁。

[8] 見《三松堂全集》第三卷第453—458頁。

[9] 見《三松堂全集》第四卷第259、262、334—335頁。

[10] 見《三松堂全集》第十三卷第872頁。

[11] 引自馮友蘭1967年1月4日所寫《解放以後我的反動思想、言論和行動的檢討》。

[12] 李克,美國人。馮友蘭1946—1947年在賓夕法尼亞大學講學時李克為研究生,曾接受馮的指導,專攻中國古籍。1948年馮回國後,李克亦來華,經馮介紹在清華教英語。

[13] 據馮友蘭1958年“交心運動”中所寫材料。

[14] 引同註[11]。

[15] 引自《馮友蘭先生是怎樣對待唯心主義的》,見《北京大學校刊》副刊《思想戰線》第六期(1958年7月出版)。

[16] 引自北京大學哲學系中國哲學史教研室1960年7月30日編撰之《馮友蘭先生所授“中國哲學史”一課情況》。

[17] 引自中共北京大學委員會1960年2月編撰之《馮友蘭小傳》。

[18] 陳石之《評“四人幫”發言人梁效》,王永江、陳啟偉《評梁效某顧問》,均見《歷史研究》1977年第四期。

[19] 王永江、陳啟偉《再評梁效某顧問》,《哲學研究》1978年第三期。

[20] 見《三松堂全集》第一卷第183頁。

[21] 此談話記錄後以“清華發展的過程是中國近代學術走向獨立的過程”為題刊於《清華大學教育研究》校慶80週年增刊《水木清華的眷戀》，1991年4月出版。

[22] 《參加土改改變了我的思想》，載1951年4月2日《人民日報》。

[23] 《兩點批判，一點反省》，載1955年1月19日《人民日報》。

[24] 《西方現代哲學講演集》，上海人民出版社1984年8月出版。

[25] 分別載《哲學研究》1959年三期、五期、1960年一期、1962年五期。汪東林《梁漱溟問答錄》語，見該書第111頁。

[26] 汪東林《梁漱溟問答錄》語，見該書第111頁。

[27] 見《梁漱溟問答錄》第112、122頁。

[28] 《在政協整風小組會上向黨交心的發言》，見《梁漱溟全集》第七卷第34頁。

[29] 分別見《梁漱溟問答錄》第142、143頁。

[30] 《梁漱溟全集》第七卷第28—32頁。

[31] 《梁漱溟全集》第七卷第293頁。

[32] 《中國——理性之國》動筆於1967年3月25日，1969年3月寫成二十二章，1970年加寫六章，1972年9月加寫《旁觀者清》。《梁漱溟全集》收入《中國——理性之國》時加寫之“題記”謂是書完成於1970年，實誤。

[33] 《梁漱溟全集》第三卷第671、596—597頁。

[34] 見《梁漱溟問答錄》第211—212頁。

[35] 許紀霖《狂出真性情》（載《讀書》1994年12月期）説“多少過去是那麼自負的知識分子經歷思想改造、尤其是暴風雨般的政治大批判之後，早就失去了狂氣。……惟獨梁漱溟還是一如既往地狂放”，説梁1953年頂撞毛澤東是因為他“自信作為一個儒者，對於王者負有義不容辭的進諫義務。……即使是英明的王者，也必須時時接受士的進諫和教誨。梁漱溟就是以‘為王者師’的傲慢姿態出現在毛的面前”，甚至説梁“在任何境遇之下，狂氣始終不衰”。而梁漱溟自己所説“耳提面命，諄諄教誨”、“他確是高明英明，……返觀自己，簡直太蠢了”、“解放後幾年的生活過程，整個就是我認識錯誤逐步深入的過程”等等，卻表明接受教誨的並非毛澤東，而是梁漱溟，梁並非“一如既往地狂放”；梁在1953年後的表現則更説明他並非“在任何境遇之下，狂氣始終不衰”。

[36] 《與友人（答郭沫若）》，見湖北人民出版社《回憶熊十力》第200、207—208頁。

[37] 《陳毅致熊十力》，見《回憶熊十力》第197頁。

[38] 《與董必武》，見《回憶熊十力》第249—250頁。

[39] 《致董必武等》，見《回憶熊十力》第250—252頁。

[40] 以上有關熊十力資料，除已註明者外，均出自收入《當代中國十哲》一書之郭齊勇《熊十力——文化意識宇宙中的巨人》。

[41] 見《熊十力——文化意識宇宙中的巨人》，《當代中國十哲》第274、270頁。

[42] 引自《當代中國哲學》，見《資產階級學術思想批判參考資料》第四集第32頁。

[43] 《毛澤東書信集》第344頁。

[44] 《三松堂全集》第一卷第175頁。

[45] 同上第1頁。

[46] 同上第112頁。

[47] 《三松堂全集》第三卷第3頁。

[48] 《三松堂全集》第四卷第511頁。

[49] 《三松堂全集》第十三卷第883頁。

[50] 同上第426頁。

[51] 金岳霖1973年8月11日《答馮友蘭書》，今存三松堂。

[52] 金岳霖1974年10月20日《答馮友蘭書》，今存三松堂。

[53] 分別見《三松堂全集》第十三卷第424—429、431、535頁。

[54] 《新原人．讚中華》，見《三松堂全集》第365頁。

[55] 《哥倫比亞答詞》，見《三松堂全集》第428頁。

[56] 《三松堂自序》，見《三松堂全集》第261頁。

[57] 據金岳霖回憶錄（手抄稿），轉引自《當代中國十哲》第359頁。

[58] 見《金岳霖學術思想研究》第47頁。

[59] 《新原人．道德》，見《三松堂全集》第四卷第616頁。

[60] 《人心與人生》，《梁漱溟全集》第三卷第528頁。

[61] 《馮友蘭的外在苦難與內在真實——為悼念馮氏而作》，載1990年12月11日《中國時報》。

[62] 《三松堂自序》，見《三松堂全集》第一卷第176頁。

[63] 據焦樹安《回憶與紀念》，見《馮友蘭先生百年誕辰紀念文集》。

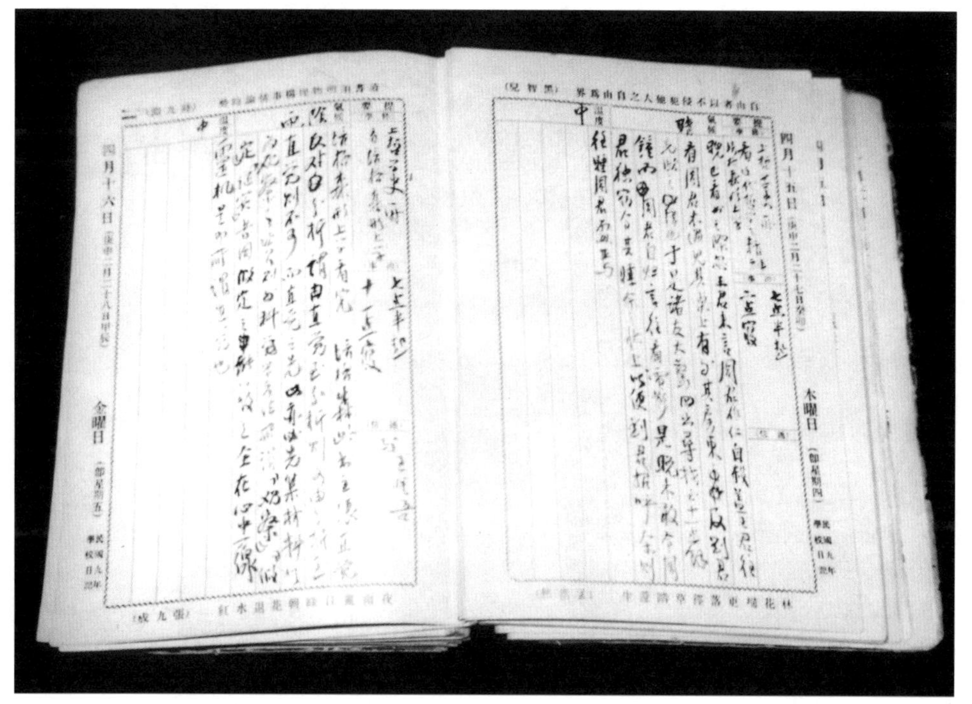

1920年馮友蘭在美國留學期間的日記。日記中寫道："今離父母，別妻子，遠來此異邦，為求學也，宜勇猛精進，艱苦卓絕，持之以恆。"

THE INTERNATIONAL
JOURNAL OF ETHICS

APRIL, 1922

WHY CHINA HAS NO SCIENCE—AN INTERPRETATION OF THE HISTORY AND CONSEQUENCES OF CHINESE PHILOSOPHY.[1]

YU-LAN FUNG.

In one of his articles published last year in the *New Republic*, Professor Dewey, said:

"It may be questioned whether the most enlightening thing he [the visitor] can do for others who are interested in China is not to share with them his discovery that China can be known only in terms of itself, and older European history. Yet one must repeat that China is changing rapidly; and that it is as foolish to go on thinking of it in terms of old dynastic China as it is to interpret it by pigeon-holing its facts in Western conceptions. China *is* another world politically and economically speaking, a large and persistent world, and a world bound no one knows just where."[2]

It is truly a discovery. If we compare Chinese history with the history of Europe of a few centuries ago, say before the Renaissance, we find that, although they are of different kinds, they are nevertheless on the same level. But now China is still old while the western countries are already new. What keeps China back? It is a natural question.

What keeps China back is that she has no science. The effect of this fact is not only plain in the material side, but

[1] In publishing this paper I take the opportunity to thank many members of the faculty of the Philosophy Department of Columbia University for encouragement and help. By science I mean the systematic knowledge of natural phenomena and of the relations between them. Thus it is the short term for Natural Science.

[2] *The New Republic*, Vol. XXV, 1920, New York, p. 188.

Vol. XXXII—No. 3.

1922年馮友蘭用英文撰寫的論文《為什麼中國沒有科學——對中國哲學的歷史及其後果的一種解釋》。

1923年馮友蘭撰寫的博士論文《天人損益論》。1924年此論文由商務印書館出版，改名為《人生理想之比較研究》。

馮友蘭將《莊子》譯為英文，作為教材為華文學校的外國學生講授。這是由商務印書館出版的英文版《莊子》。

1926年由商務印書館出版的《人生哲學》。

1931年由上海神州國光社出版的《中國哲學史》上卷。

1934年由台灣商務印書館出版的《中國哲學史》上冊。

《中國哲學史》英譯本。

被譯成多國文字及多種版本的《中國哲學史》。

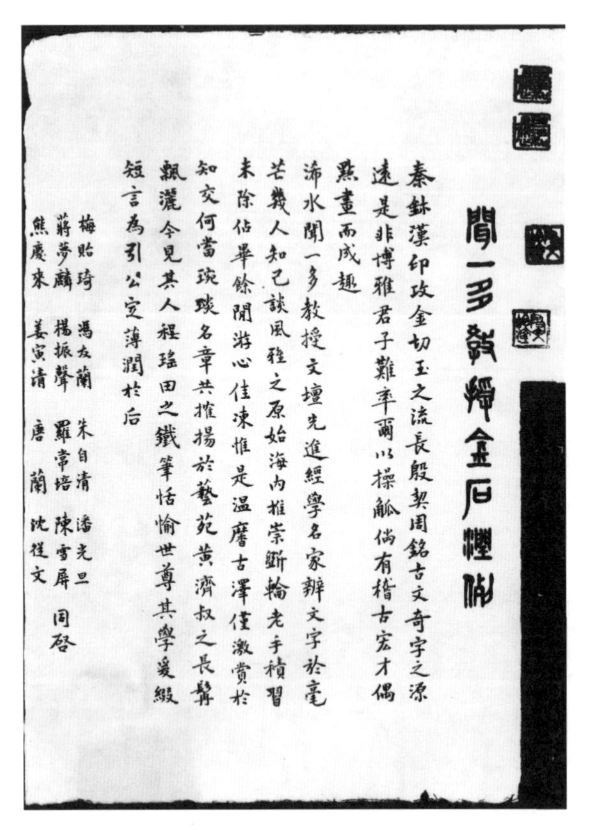

聞一多教授金石潤例

秦鉥漢印攻金切玉之流長殷契周銘古文奇字之源
遠是非博雅君子難率爾以操觚倘有稽古宏才偶
點畫而成趣
浠水聞一多教授文壇先進經學名家辨文字於毫
芒幾人知己談風雅之原始海內推崇斲輪老手積習
未除佔畢餘閒游心佳凍惟是溫磨古澤僅激賞於
知交何當琬琰名章共推揚於藝苑黃濟叔之長髯
飄灑今見其人程瑤田之鐵筆恬愉世尊其學爰綴
短言為引公定薄潤於后

梅貽琦 馮友蘭 朱自清 潘光旦
蔣夢麟 楊振聲 羅常培 陳雪屏 同啓
熊慶來 姜寅清 唐蘭 沈從文

抗戰期間西南聯大教授們的生活相當艱苦，教學之餘他們發揮各自的特長以補生活所需。圖為聞一多掛牌治印時眾多教授聯名所寫的潤例和聞一多為馮友蘭所刻的印章。

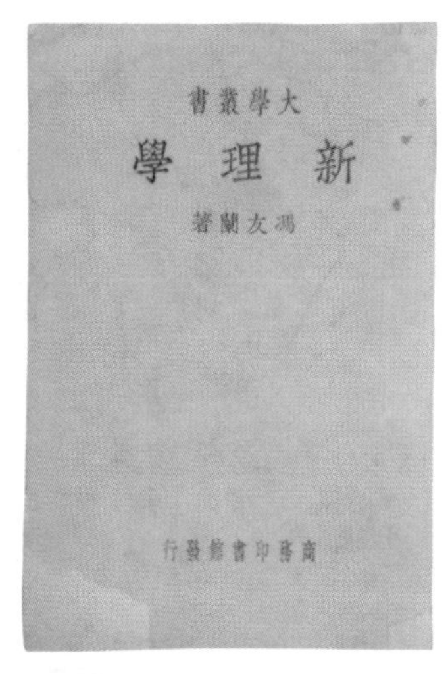

《新理學》

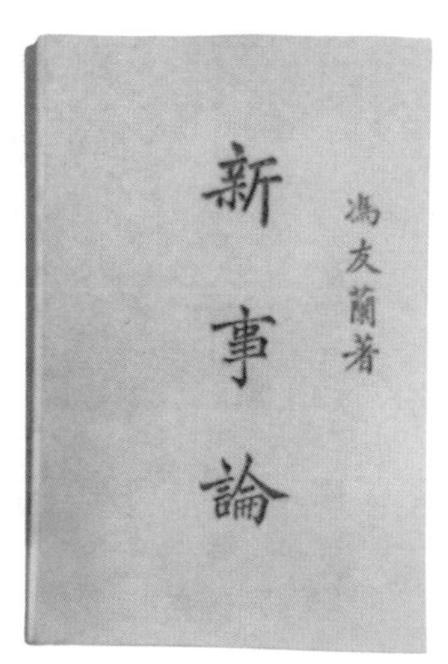

《新事論》

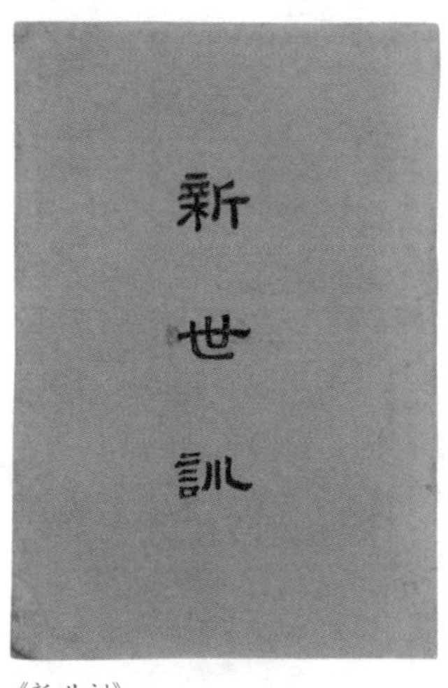

《新世訓》

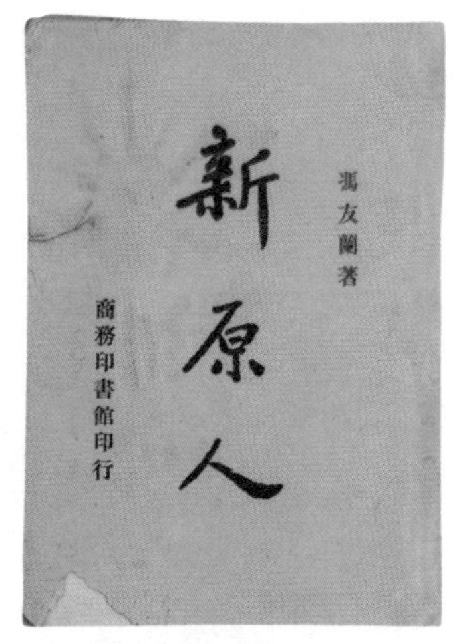

《新原人》

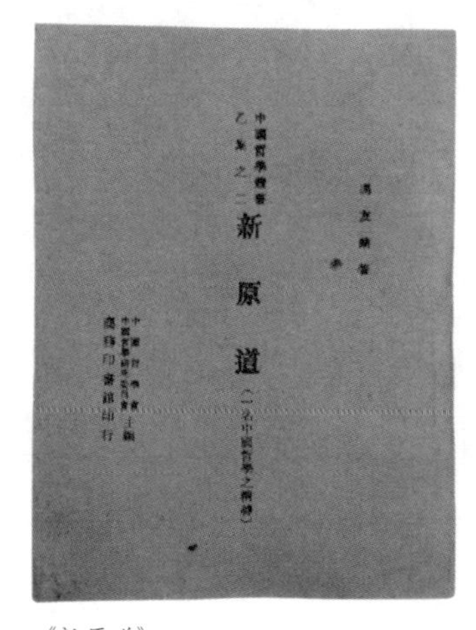

《新原道》

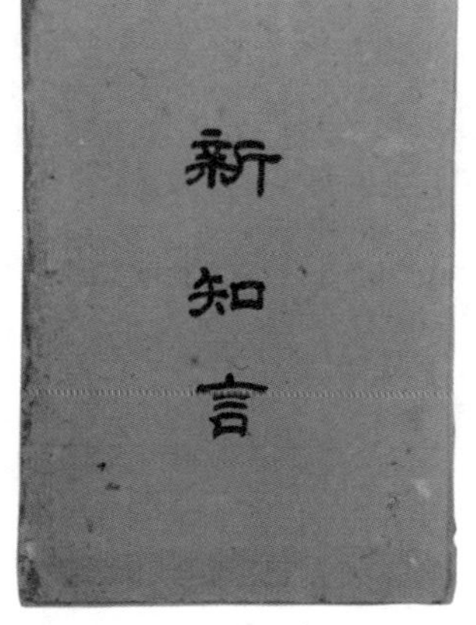

《新知言》

“貞元六書”原始本。

“貞元六書”各種不同版本的合訂本。

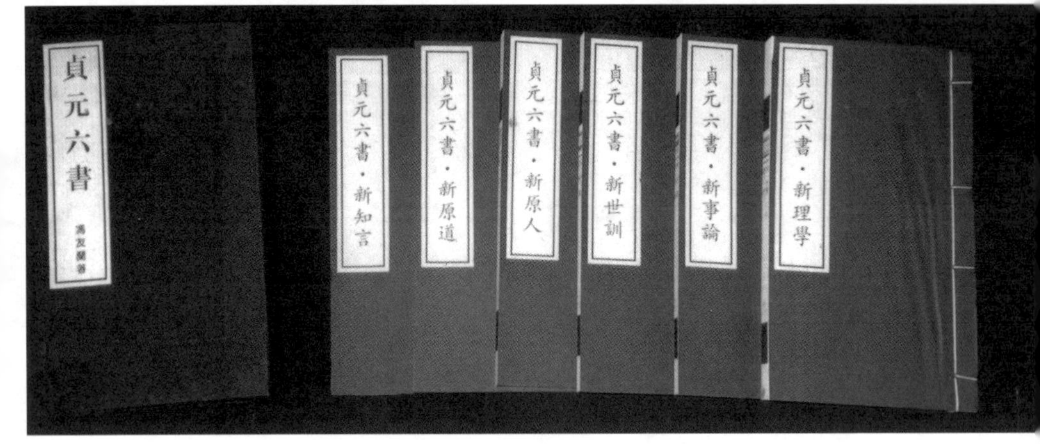

“貞元六書”線裝本。

《中國哲學簡史》。

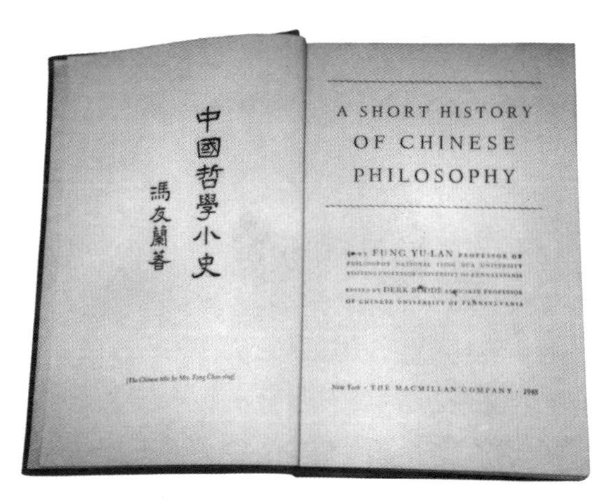

1948年由美國麥克米倫出版社出版的英文本《中國哲學小史》。

被譯成法、西、南、捷、日、朝等十幾種文字的《中國哲學簡史》。其中的中譯本是涂又光於1985年由英文本譯成的。

中国哲学史新编
第二册
冯友兰
中国哲学史新编
第三册
冯友兰
中国哲学史新编
第四册
冯友兰

中國哲學史新編
(一)
馮友蘭著
中國哲學史新編
(二)
馮友蘭著
中國哲學史新編
(三)
馮友蘭著
中國哲學史新編
(四)
馮友蘭著
中國哲學史新編
(五)
馮友蘭著
中國哲學史新編
(六)
馮友蘭著
中國哲學史新編
(七)
馮友蘭著

七卷本《中國哲學史新編》。

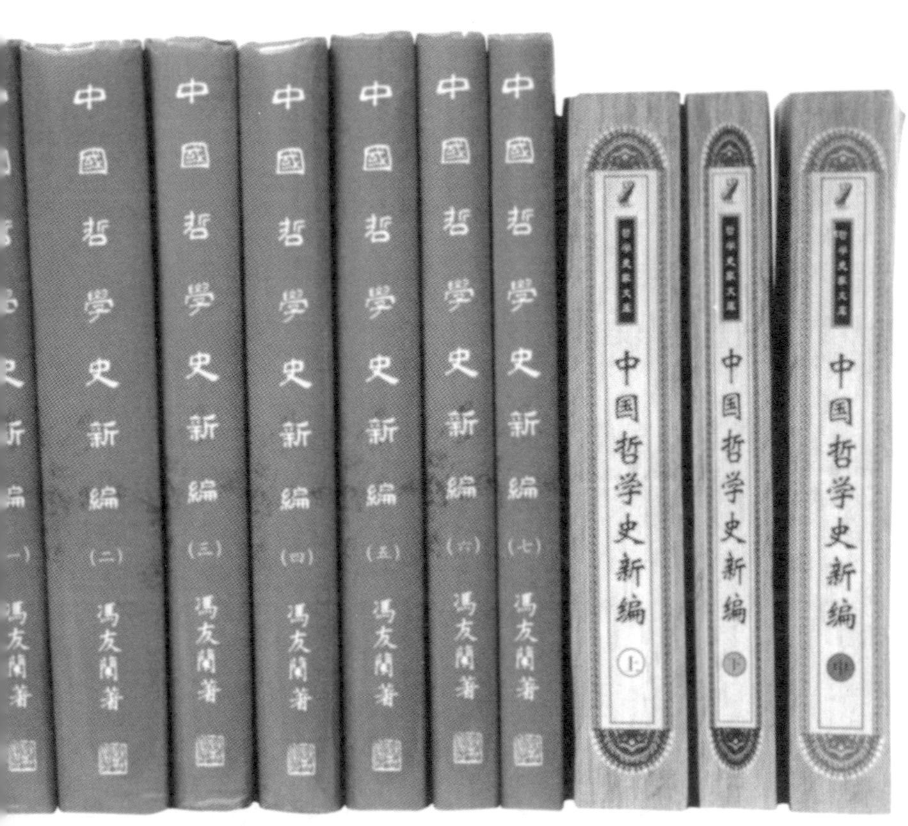

《中國哲學史新編》的不同版本。

1983年12月4日是馮友蘭的88歲生日，這是他手書的自壽聯（“米壽”88歲，“茶壽”108歲）。

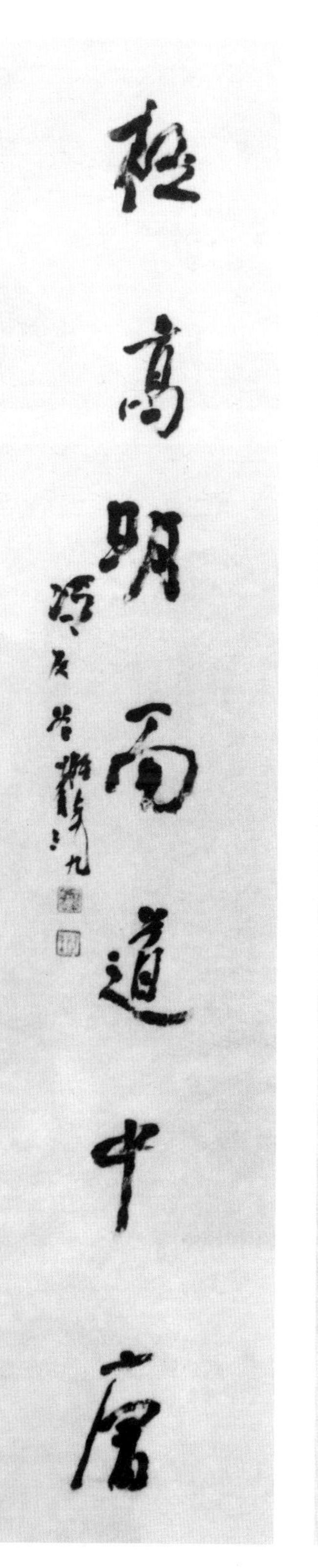

1988年先生書寫此聯以自勉："闡舊邦以輔新命，極高明而道中庸。"上聯所説為先生學術活動的方向，下聯所説為先生追求的精神境界。

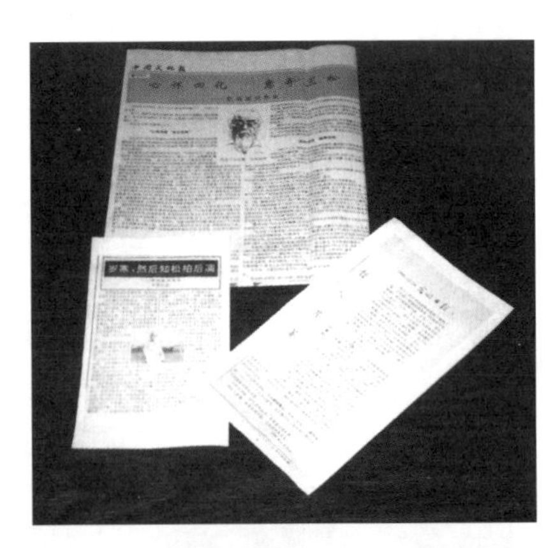

馮友蘭逝世的第二天，全國各大報紙都刊登了這一消息，紀念文章也相繼在報刊雜誌上登出。

澳大利亞國家圖書館收藏的馮友蘭著作。

北京大學出版社和清華大學出版社分別出版的紀念書籍。

馮友蘭雖然逝世了，但人們對他的學術思想的研究與關注一直沒斷。

出版的部分研究著作。

馮友蘭的著作總匯《三松堂全集》在他去世後出版。

附錄

◎ 附錄一

馮友蘭先生傳

。。。。。。。。。。。。 陳來

馮友蘭先生，字芝生，河南唐河縣人。公元1895年12月4日（清光緒二十一年乙未舊曆十月十八日）生於唐河縣祁儀鎮祖父家中。1990年11月26日病逝於北京友誼醫院，享年95歲。

先生祖父諱玉文，字聖徵，有詩集《梅村詩稿》。父諱台異，字樹侯，曾任唐河崇實書院山長，清光緒戊戌（公元1898年）進士。伯、叔父皆秀才，亦有詩集傳世。馮氏有地千餘畝。合族而居，家常二、三十人，耕讀傳家，為當地著姓。先生母吳氏，諱清芝，通文墨，持教有方，曾任本縣端本女學學監。

先生6歲即入家塾就讀，先讀《三字經》，後《論語》、《孟子》、《大學》、《中庸》、《詩經》。塾中亦授《地球韻言》一類新學，可謂新舊兼備。9歲時，台異公任武昌方言學堂會計庶務委員，先生與弟、妹隨母往居武昌，由母監讀《書經》、《易經》、《左傳》。12歲，台異公知湖北崇陽縣，舉家至崇陽，先生隨縣教讀師爺習古文、算術、作文。13歲台異公病故於崇陽。先生乃隨母返故里，仍在家塾就讀。

1910年考入唐河縣高等小學預科。次年，以第一名考入開封中州公學中學班。1912年轉入武昌中華學校，是年冬應試考入上海中國公學大學預科。時中國公學以英文授課，先生尤感興趣者，為耶方斯之《邏輯要義》，因立志習西方哲學。1915年夏自中國公學畢業，考入北京大學法科，入校後即改文科，因西方哲學門未開，遂入中國哲學門。不二年，蔡元培、陳獨秀、胡適皆主教於北大，新文化運動頗盛一時。受此影響，先生對東西文化問題亟感關切。1918年夏於北京大學畢業，次年與友人響應五四運動，創辦《心聲》月刊，為當時河南宣傳新文化之惟一刊物。同年考取公費留學資格，冬，赴美國留學。

1920年1月入紐約哥倫比亞大學（Columbia University）研究院哲學系。先生在哥倫比亞大學師從杜威先生（John Dewey），其心志仍在中西文化比較，如是年冬在紐約訪泰戈爾（Tagore），次年在哥倫比亞大學哲學系宣讀論文《為什麼中國沒有科學》，皆其例也。至先生作博士論文時，思想忽有變化，蓋因先生在美研修西方哲學史，乃發現時人所說東方與中國思想特有者，要皆在西方古代亦有之。先生即以《天人損益論》為題，打破東西界限，將人類自古以來各種人生理想分派敘述之。後其中譯本以《人生哲學》名題，列為高中教科書，流傳甚廣，頗有益於青年之教育。先生乃進而覺知，一般所謂中西之異，實際是古今之別，皆因西方已完成近代化所引起。此後力主現代化不遺餘力，以工業化為中國獲民族自由之出路。先生在美時，官費常闕，故多赴餐館做工，間亦至圖書館管理報紙，以謀生活。1923年夏，論文答辯通過，即取道加拿大歸國，任中州大學教授兼文科主任、哲學系主任。次年，英文博士論文出版，獲哥大哲學博士學位。

先生1925年秋至廣州任中山大學教授兼哲學系主任，年底應約北上，任燕京大學教授。先生自美返國後，志願介紹、研究西方哲學，然在燕京受命開授“中國哲學史”，此一機緣竟對先生後來學術發展有莫大影響。1928年秋，以友人羅家倫之邀，先生轉至清華大學，為哲學系教授、校秘書長，仍授中國哲學史課程。至30年代初，先生完成《中國哲學史》二冊巨著，此書上起周秦，下至清季，鉤玄提要，條分縷析，其義理解說，尤明白清晰。先生嘗謂此書以“釋古”為法，與前人之“信古”及時人之“疑古”皆不同。時陳寅恪作審查報告有云：“竊以此書取材謹嚴，持論精確。……今欲求一中國古代哲學史，能矯附會之惡習，而具瞭解之同情者，則馮君此作庶幾近之。”是書自30年代以來重印多次，為國人習中國哲學之標準教科書；英文版早在美國印行，而日、韓等國則多徑以此書中文版為教科書者。蓋此書於歷代哲學家思想之論斷，多已成為本學科之典範，故此書實為現代中國學術之經典，而為國際學術界所公認。後40年代，先生以思想學術最臻圓熟之時，作《中國哲學簡史》（A Short History of Chinese Philosophy），其深入而淺出，舉世稱之，是為又一經典。

1937年日軍大舉侵入，清華內遷，與北大、南開合併而為西南聯合大學。先生隨校南行，吊屈賈於長沙，懷朱張於祝融，折臂於越南，動忍於昆明，顛沛流離十年，乃先後撰成《新理學》、《新事論》、《新世訓》、《新原人》、《新原道》、《新知言》，合稱“貞元六書”，建成中國現代最完整之哲學體系。先生《新原人》序有云：“為天地立心，為生民立命，為往聖繼絕學，為萬世開太平，此哲學家所應自期許者也。況我國家民族值貞元之會，當絕續之交，通天人之際，達古今之變，明內聖外王者之道豈可不盡所欲言，以為我國家致太平、我億兆安身立命之用乎？雖不能至，心嚮往之。”則民族之興亡與夫歷史之變化，固激發於先生多矣，而其憂國報民之胸懷亦躍然呈露。先生嘗為聯大撰校歌歌詞，中有“多難殷憂新國運，動心忍性希前哲”兩句，正先生之寫照。抗戰勝利，先生又撰聯大紀念碑文，中云“蓋並世列強，雖新而不古；希臘、羅馬，有古而無今。惟我國家，亙古亙今，亦新亦舊，斯所謂‘周雖舊邦，其命維新’者也”，此數語實為先生後來根本信念而終老不變者也。

1949年人民共和國成立，先生辭去哲學系主任、文學院長等職，次年參加土地改革。是時國人群情振奮，社會氣象一新，先生以為當追隨人民、追隨新社會，故用心研習馬克思主義，檢討往昔哲學，以跟隨時代。1952年，以院系調整之故轉任北京大學哲學系教授、中國哲學史教研室主任。此後數十年，理論界與教育界時常對先生思想提出批評，先生皆懷與時俱進、擇善而從之心處之，然亦不放棄答辯與哲學思考的權利，而其往昔哲學思想往往復萌。如1957年先生撰文闡述中國哲學遺產的繼承問題，批評時人對中國古代哲學否定太多，又提出區分哲學命題的抽象意義與具體意義，以解決文化遺產的繼承問題，此文即引起諸多批評討論，先生皆一一慎思明辨而申答之。50年代以後，先生專理中國哲學史研究之業，每年皆有多篇論文發表，而於孔子、老莊着力尤多。至1960年，始得允許獨立撰寫中國哲學史。按舊著中國哲學史先生在40年代即欲重寫，而未得其緣，至是，乃以《中國哲學史新編》為題，復參考黑格爾、馬克思，重新撰寫之。方始出版兩冊，文化革命驟起，以故耽遲達十餘年。

60年代後期，先生以70餘高齡，遭批判、抄家、勞動乃至隔離之厄，痛苦難堪，後以最高指示得以稍緩。時書籍悉被封存，報紙有口號而無消息，激進思潮裹挾一切，群眾運動風起雲湧。尤可歎者，領袖崇拜靡蓋社會，世人鮮不醉於其中，影響所及，先生亦不能免，故曾隨順大眾，參加批孔運動。外間對此不明而竟有疑之者，全不知其中情勢皆需身置此特殊時代特殊環境始可瞭解，豈可以常情以臆議之。

文革結束，改革開放，迷思破除，自信復立。先生精神煥發，當八九十之高齡，以舊邦新命為懷，繼續《中國哲學史新編》之作。先生此時，信心而著，無所依傍，其中多"非常可怪之說"，往往不同於時論。先生以"修辭立其誠"[1]自勉，謂"若因此不能刊印，吾其為王船山矣。"其書全七冊，凡八十一章。先生晚年多病，嘗言"《新編》未完，故需治病，若書寫成，病即不需治矣"，書成不數月，先生安然辭世。

先生學術貢獻，為舉世所公認，先後得授普林斯頓大學名譽文學博士（1947 年）、德里大學名譽文學博士（1951 年）、哥倫比亞大學名譽文學博士(1982年)。1948年被選為中央研究院第一屆院士、院士評議會委員，1955 年選為中國科學院哲學社會科學部學部委員。其他學術榮譽，不勝枚舉。先生於學術之外，對教育行政亦多屬意，早在中州大學時即有心試於校務，後任清華大學文學院長達十八年，教績卓著；抗戰中任西南聯大文學院長，對三校合作，亦殊多貢獻。先生在清華又曾幾度代理校務，任校務會議主席，其維持愛護教育之功，實不可沒。

先生嘗自敘其學"三史釋今古，六書紀貞元"，三史者，中國哲學史、中國哲學簡史、中國哲學史新編；六書即貞元六書。故三史六書為先生學術之代表作。先生中西文著作共四十餘種，各類文章逾五百篇。遺書集為《三松堂全集》，共十四卷，超六百萬言，河南人民出版社出版。另有《馮友蘭英文著作集》及《莊子・內篇》英譯。先生晚年居北大燕南園，其院內有松三株，因名室焉。先生妻任氏，諱載坤，字叔明，扶持相與六十年，先先生十三年卒。有子女四人，鍾璉，鍾遼，鍾璞，鍾越。鍾璞，筆名宗璞，名作家，先生晚年起居多賴之。先生嘗謂其平生得力於三女子，即母吳太夫人、任夫人及宗璞也。

先生實為吾國之碩儒，現代之大哲學家。自幼穎悟過人，性至孝，能詩文。長而好理學，詣理既精，究於物象之表。其為文不事雕琢，平易明白；與人言緩而有條，不乏風趣；授課喜引笑話，頗見幽默。其平居也，無一日不讀書寫作，無一日不聞問時事，規律甚嚴而自奉甚簡。其於後學也，有問必答，平等待之，未始有厭容。平生最喜《中庸》“極高明而道中庸”一語，以為中國哲學之精神，晚年亦筆書成聯，[2]掛於東牆，謂之先生東銘[3]可也。先生學問特重精神境界，於宋明道學受用甚深，其心氣和平，從容自得，精思志道，惟“有道氣象”[4]可以稱之。晚年病目，尤喜靜坐默誦，而其和樂氣象則未嘗一日而變。疾革時，遺言囑門人，謂“中國哲學將來一定會大放光彩”。既卒，我各大報刊均發悼念文字，《紐約時報》亦以長文悼念之，足見先生之影響實已遍及世界。後學陳來謹撰。

註釋

[1] 修辭立其誠，語出《易．繫辭》。

[2] 先生1988年書聯"闡舊邦以輔新命，極高明而道中庸"。

[3] 宋儒張橫渠有東、西二銘。

[4] 黃庭堅稱周敦頤"胸中灑落發光風霽月"，李延平以為善形容有道氣象。

◎ 附錄二

馮友蘭傳

。。。。。。。 陳戰國 李中華

1. 耕讀傳家（1895—1913）

馮友蘭，字芝生，1895年12月4日（農曆十月十八日）生於河南省唐河縣祁儀鎮。祖籍山西高平縣，清康熙五十五年(西元1716年)，先祖馮泰來河南唐河經商，遂定居於此，百餘年間，繁衍為當地望族。祖父名玉文，字聖徵，一生無意於功名，善作詩，有《梅村詩稿》。父親名台異，字樹侯，號復齋，又號後樂生，生於同治五年（西元1866年），光緒十五年（西元1889年）中舉人，曾任唐河崇實書院山長；光緒二十四年（西元1898年）中進士，後任職湖北武昌，曾被派勘測粵漢、川漢鐵路路線，又任崇陽縣知縣，有《復齋遺集》七卷。母親吳清芝，先祖福建人，清初隨雲南右路總兵涂孝臣屯墾河南，遂定居於唐河城南小吳莊。馮先生說，他的一生得益於三位女子，即母吳清芝、妻任載坤和次女鍾璞(筆名宗璞)。母親是對他影響最大的人，他稱頌母親"惟吾母之懿質，集諸德之大成"(《祭母文》)。

馮先生自幼聰慧，6歲時始入家塾讀書，先後讀完了“四書”和《詩經》。

1904年，馮先生的父親出任武昌“方言學堂”會計庶務委員（相當於後來的總務長），遂接馮先生兄妹三人隨母親到武昌安家。當時，張之洞任兩湖總督，辦洋務，行新政，其中有一項是辦新式教育。“方言學堂”就是這種“新學”，它實際上是一所為培養出國留學生做準備的外語學校。在張之洞創辦的新式學校中，還有一些小學。馮先生到武昌後，父母沒有讓他和弟妹入小學讀書，因為父親相信，在接受“新學”以前，必須先把中文學好，沒有一個相當好的中文底子，學什麼都不行。於是，馮先生及弟妹便在家隨母親讀書，一二年間，讀完了《周易》、《左傳》、《禮記》，又讀完了父親為他編撰的地理、歷史講義。

1907年，馮先生的父親出任湖北崇陽縣知縣，一家人遂遷往崇陽縣。到了崇陽之後，馮先生兄妹在家中由教讀師爺教讀，學習內容由“四書”、“五經”轉為古文、算術、寫字、作文。然而，這樣的生活為期不長。先是教讀師爺自愧不能勝任辭職而去，馮先生兄妹只好在母親督促下自學；第二年（1908年）夏天，出任知縣才一年多的父親因腦溢血去世，馮先生母子被叔父接回唐河故里。

父親的死對馮先生的影響是重大的。他說：“先考疾終崇陽任所，幕友請報虧空，謂習慣如此，官歿既無可追，家屬何苦不自為計？且謂先考素受知於藩司梁公節庵，更不致有追繳事。先妣憤然曰：‘是賣死者使其負梁公也。’執以為不可。其臨財不苟得如此。”（《先妣吳太夫人行狀》）又說：“母親與三叔商定，先傳出話去，銀錢禮物一概不收，只收悼念文字。開弔之日，收到輓聯很多。有一個秀才很有才，父親很喜歡他，還為他平反了一件冤案。他送來一副輓聯：‘是上國棟樑，大任能勝，可惜無端遭摧折；真下民父母，求誠務中，誰教哭泣失瞻依！’這種誠摯之詞，大概不僅是為他個人感恩而發。”(《三松堂自序》。以下簡稱《自序》)“求誠務中”，“臨財不苟得”，父母的品格對於馮先生人格的形成起到了奠基的作用。

回鄉之後，馮先生在母親的安排下，又在家中學習了兩年，隨後便進入縣立小學讀書。馮先生由在家中讀書轉為到學校讀書，除了請不到合適的老師之外，還有一個更重要的原因，那就是他的母親意識到，光叫子女在家中上學，沒有一個“資格”，恐怕於他們前途有礙。當時縣立高等小學與以前的縣學有相似之處。這種相似之處，使她懷疑如果不上縣立小學，將來是否可以得到與秀才相當的資格。“說到秀才，母親深深知道這個功名的分量。她常對我們說，你父親聽某一個名人說過，不希望子孫代代出翰林，只希望子孫代代有一個秀才……這表示你這一家的書香門第接下去了，可以稱為‘耕讀傳家’了。照封建社會的情況說，一個人成了秀才，雖然不是登入仕途，但是可以算是進入士林，成為斯文中人，就是成為知識分子了。以後他在社會中就有一種特殊的地位。”(《自序》)

馮友蘭先生考上縣立高等小學時已經15歲了，並且，由於入學考試不合手續，他所上的這一班只能算作高等小學的預科，相當於初等小學。按現在的學制看，馮先生正式上學的時間很晚，真可謂“十五而志於學”。但是，他在家所受的教育遠遠超出現在小學的水平，“打好的中文底子”在後來的治學中發揮出了應有的作用。1910年夏季，馮先生正式進入縣立高等小學。1911年初，他以初試第二名、復試第一名的成績考入了省會開封的中州公學中學班。是年10月，辛亥革命爆發，學校停課。1912年初，唐河光復，馮先生重回中州公學學習，一學期後轉入武昌中華學校，是年冬天又考入了上海的中國公學預科。

2. 從邏輯到哲學（1913—1918）

中國公學預科相當於高中程度，所開的課程是所謂新學或西學。其中有一門邏輯課使馮友蘭產生了濃厚興趣，並由此走上了哲學之路。1915 年夏，由於對哲學的興趣，馮先生於中國公學預科畢業後考入了北京大學哲學門。北京大學原為京師大學堂，是清朝末年戊戌變法時創建的，中華民國成立後改名為北京大學，嚴復為第一任校長。1915 年，北京大學還基本上是封建主義佔統治地位的學校。當時學校沒有校長，校長一職由工科學長胡仁源代理；學系稱為“門”，不設系主任，系務由學長直接主持。原來京師大學堂的經科已經廢止了。文科有四個門：中國哲學門、中國文學門、中國歷史門和英文門。

馮先生入北京大學本來準備學習西方哲學，章程上也寫明北大有三個哲學門：中國哲學門、西洋哲學門和印度哲學門。可是，印度哲學門和西洋哲學門由於缺少師資都沒有開設，馮先生就進了中國哲學門。中國哲學門設有三門主要課程，一門是中國哲學史，一門是宋學——宋明斷代哲學史，一門是諸子學。當時對哲學這個概念是很模糊的，人們所瞭解的哲學就是所謂“義理之學”，有些教授甚至搞不清哲學與哲學史有什麼區別。馮先生回憶說：“給我們講中國哲學史的那位教授，從三皇五帝講起，講了半年，才講到周公。我們問他：‘照這樣的速度講下去，什麼時候可以講完？’他說：‘無所謂講完講不完。若說講完，一句話可以講完；若說講不完，那就永遠講不完，……也許有一種哲學，用一句話就可以講完，如果照禪宗的說法，不說話，一句話都不說，倒是可以把它的全部哲學講完；如果一說話，那倒是講不完了……但是哲學史並不等於哲學。哲學史是歷

史。歷史是非講不可的，不講別人就不知道。既然講，它總要有個開端，有個結尾。”(《自序》)

1917年蔡元培到北大當校長，對學校進行了一系列的改組和改革。蔡元培是清朝的翰林，後來棄官不做，到德國去留學，是位“兼通新舊，融合中西”的學者，在學術界有很高的地位。辛亥前後，他奔走革命，曾出任過中華民國臨時政府的教育總長、南京臨時參議院參議，在政治上也有很高的地位。蔡元培的人格十分高尚，深受學生們的愛戴。馮先生有這樣一段讚美他的話：“道學家們講究‘氣象’，譬如說周敦頤的氣象如‘光風霽月’。又如程頤為程顥寫的《行狀》，說程顥‘純粹如精金，溫潤如良玉，寬而有制，和而不流。……視其色，其接物也如春陽之溫；聽其言，其入人也如時雨之潤。胸懷洞然，徹視無間，測其蘊，則浩乎若滄溟之無際；極其德，美言蓋不足以形容’(《河南程氏文集》卷十一)。這幾句話，對於蔡元培完全適用。這絕不是誇張。我在第一次進到北大校長室的時候，覺得滿屋子都是這種氣象。”(《自序》)馮先生對蔡元培的稱頌是發自內心的，除了父母之外，蔡元培對馮友蘭的影響最大。馮先生晚年，學生們都說他的氣象如程顥。這同樣的氣象當不是一種巧合吧！

蔡元培對北京大學的改造措施主要有三項：一是“為學術而學術”。他教育學生們上大學是為了研究學術，而學術並不是做官向上爬的梯子，學術就是學術。為什麼研究學術呢？一不是為做官，二不是為發財，為的是求真理，這就叫“為學術而學術”。二是“教授治校”。學校的任務是向學生們傳播知識，一個大學應該是各種學術權威集中的地方，只要是世界上已有的學問，不管它什麼學科，一個大學裡面都應該有些權威學者能夠解答這種學科的問題。學校是一個“尚賢”的地方，誰有知識，誰就在某範圍內有發言權，他就應該受到尊重。“教授治校”是為了調動教授們的積極性，叫他們有主人翁之感。具體辦法之一，是民主選舉教務長。三是“相容併包”。教授之所以為教授，在於他在學術上有所貢獻，在他本行中是個權威，並不在於他在政治上有什麼主張。“相容併包”就是各用其長。在當時的情況下，“相容併包”的政策並沒有在北大引起思想上的混亂。擁護帝制的辜鴻銘、劉師培只是在英文、中國中古文學史的教學中受到人們尊重，他們的政治言行只是被人們當成笑話。而革命人物陳獨秀、李大釗等都能大展宏圖，毛澤東、鄧中夏等人也是順着這條道路進入北大的。在他們的領導下，革命力量越來越壯大，終於導致了五四運動的高潮，提出了民主與科學的口號，採取了外抗強敵，內除國賊的行動。馮先生讚歎說：“漢之得人，於斯為盛。”

馮友蘭先生回憶他在北大的收穫時這樣寫道：“蔡元培於1916年底（應為1917年——引者），到北大當校長，作了一系列的改組和改造，才使北京大學開始轉變為資產階級思想佔統治地位，同時馬克思主義也開始傳播。這就是五四運動在北大的開始。當時我們身在其中的學生，覺得心胸一天一天地開朗，眼界一天一天地廣闊。我在1918年就畢業了，沒有趕上1919年火燒趙家樓的那一天。但是在離校的時候，我覺得在北大的三年收穫很大。這三年可以分為兩個階段。在第一階段，我開始知道，在八股文、試帖詩和策論之外，還有真正的學問，這就像是進入了一個新的天地。在第二階段，我開始知道，於那個新的天地之外，還有一個更新的天地。‘欲窮千里目，更上一層樓。’我當時覺得是更上了一層樓。”（《自序》）馮先生所說的“新天地”，是指中國文化和中國哲學；“更新的天地”，是指西方文化和西方哲學。當時，由於中西文化的相互碰撞，在這兩個天地之間激發起尖銳的衝突。為了從哲學上解答這個問題，馮先生開始了他的真正的哲學活動。

3. 真正學者的材料（1918—1923）

1918年6月，馮先生從北大畢業後回到開封任教。是年，與辛亥革命的前輩任芝銘先生的女兒任載坤女士完婚。馮先生在開封工作的一年裡，正是五四運動爆發時期。馮先生雖然錯過了在北京參加五四運動的時機，但是，由於在北大期間受進步思潮的影響，他的思想與時代的進步是合拍的。1918年他在北大上學時就參加過學生的集會、請願活動，抗議北洋軍閥政府與日本締結《中日陸軍共同防敵軍事協定》、《中日海軍共同防敵軍事協定》。回到開封工作之後，他又與嵇文甫等人共同創辦了《心聲》雜誌，與北京的五四運動呼應。《心聲》雜誌無論在學術水平上還是在對社會的影響上都無法與《新青年》相提並論，但是，它的宗旨和思想傾向卻與《新青年》等進步刊物同聲相應。馮先生為《心聲》創刊號寫的《發刊詞》表達了它的這種傾向："凡社會之進步，必有少數之人立於大多數之前，為真理而戰，以打破老套……破老套而促進化，此本雜誌之所以作也……本雜誌之宗旨，在輸入外界之思潮，發表良心上之主張，以期打破社會上、教育上之老套，驚醒其迷夢，指示以前途之大路，而促其進步。"《心聲》第二卷第一號發表的改組宣言，其態度更為鮮明。宣言說："同人所主張的道德，以自由為啟行點，以平等為經由路，以博愛為目的地，達此目的之手段為互助。……同人深信想要世界進化，必須全人類知識發達，想要真正的知識，必須依科學的規律。還有一種萬不可少的條件，就是自由討論。換句話說，就是我們不承認有不許討論的天經地義，這種不許討論的天經地義，是宗教的，非科學的。社會中間無論什麼偶像，我們總要把他拿來，用平等心去自由討論。有妨礙這類自由的，我們認為人類的公敵，當設法消除他。"通過自由平等的討論，以期為中國社會指示前途，促其進步，這就是《心聲》雜誌的宗旨，這也就是馮先生做學問的宗旨。從《心聲》雜誌的《發刊詞》、《改組宣言》以及馮先生以後的哲學活動中，我們可以看到這樣一個不爭的事實，即馮先生雖然也被人們稱為"當代新儒家"，但他與牟宗三等人有着根本性的不同：牟宗三等人是適應社會進步以維護中國傳統文化，馮先生則是以改造中國傳統文化而促進社會進步。因此，牟宗三等人可以稱為文化保守主義者，馮先生則不是。他們之間的種種矛盾，蓋源於此。

1919年冬，馮先生為了從哲學上尋找解釋中西文化衝突的答案到美國去留學，1920年初進入哥倫比亞大學做研究生。他在臨行前做了一首白話詩《留別同社諸君》："要泛舟太平洋，適彼岸，共和邦，也是想販些食物，救這饑荒。""食物"是指新思想，"饑荒"是指國民的精神匱乏。馮先生懷着"救饑荒"的迫切感，在美國以"勇猛精進，艱苦卓絕，持之以恆"(《日記》)的精神研讀西方哲學。馮先生的留學生活不僅是刻苦的，而且是艱苦的。1922年，因河南省為留學生提供的官費不能按時寄到，馮先生不得不實行勤工儉學，在飯店洗盤子，在學校圖書館管理中國報刊，為美籍華人當"活字典"。馮先生也曾向學校申請過獎學金，杜威還為他寫了一封很長的推薦信，最後一句話說："這個學生是一個真正學者的材料。"由於錯過了時間，獎學金沒有得到，馮先生繼續以自己的勞動維持學業。

馮友蘭先生是"帶着中國的實際"去美國留學的。在留學期間，他一方面系統地學習西方的思想，一方面努力思考中國的問題。"當時我經常考慮的問題是：自從中國與西方接觸以來，中國節節失敗，其原因究竟在哪裡？西方為什麼富強？中國為什麼貧弱？西方同中國比較起來，究竟在哪些根本之點上比較優越？"(《自序》) 1920年，馮先生帶着這個問題訪問了正在美國訪問的印度詩人泰戈爾。在談話中泰戈爾指出，東方所缺而急需的是科學，中國人應該“快學科學”！那麼，中國為什麼沒有近代科學呢？通過對中西文化的比較研究，馮先生從哲學上做出了自己的解釋，他寫了一篇論文，叫作《為什麼中國沒有科學？——對中國哲學的歷史及其後果的一種解釋》。文章說，地理、氣候、經濟條件都是形成歷史的重要因素，但它們都是一場戲裡的佈景，而不是原因；使歷史成為實際的原因是求生的意志和求幸福的慾望。按照中國哲學所設定的價值標準，中國根本不需要科學。在文章中，馮先生把哲學分為兩大類，一是“自然”（“損道”），一是“人為”（“益道”）。依他看來，中國先秦諸子中，道家主張自然，墨家主張人為，儒家則允執其中。可惜的是，秦朝之後，中國思想的“人為”路線幾乎再也沒有出現，不久來了佛教，又是屬於極端“自然”型的哲學。在很長時間內，中國人的心靈徘徊於儒、釋、道之間，直到西元十世紀，一批新的天才人物相繼地將儒、釋、道三者合一，成為新的教義，輸入中華民族的心靈，至於今日。

馮先生所說的“新的教義”是指宋明道學。馮先生指出，中國哲學史的這個時期與歐洲史上現代科學發展的這個時期幾乎完全類似，類似之處在於其成果越來越是技術的，具有經驗的基礎和應用的方面。惟一的，但是重要的不同之處是，歐洲技術發展是認識和控制物質，而中國技術發展是認識和控制心靈。因此，中國哲學家不需要科學的確實性，因為他們希望知道的只是他們自己；同樣，他們不需要科學力量，因為他們希望征服的只是他們自己。而歐洲哲學所遵循的是“人為”路線，他們首先努力認識外在世界，對它熟悉了之後，就力求征服它，所以他們注定了要有科學，既為了確實性，又為了力量。

最後，馮先生得出結論說：“無論如何，中國的人生觀也許錯了，但是中國的經驗不會是一種失敗。如果人類將來日益聰明，想到他們需要內心的和平幸福，他們就會轉過來注意中國的智慧，而且必有所得。如果他們將來並不這樣想，中國人四千年的心力也不會白費。這種失敗的本身會警告我們的子孫不要在人心的荒原上再尋找什麼了。這也是中國對人類的貢獻之一吧。”馮先生從哲學上對中西文化的比較研究，在當時的學術界產生了重要影響。直到現在，即使那些不承認馮先生對當代新儒學發生過重大影響的“當代新儒家們”，仍然沿用着馮先生當年所做的論斷：東方的價值取向是內向的，西方的價值取向是外向的；中國哲學家首先把握“生命”，西方哲學家首先把握“自然”。更可貴的是，前文發表不久，馮先生就清醒地認識到，那種“西洋見長的是物質文明，中國見長的是精神文明”的論調是一種無知妄說，中國需要發展實業，但實業不是萬能的，一個國家，一個社會，物質文明與精神文明平均發展才是健康的。從此，馮先生抱定了這樣一個信念：“中國人一日不死盡，則中國文化及中國民族性即一日在製造之中。他們並不是已造的東西，乃是正在製造的東西。我們就是製造他們的工程師和工人，他們的好壞，就是我們的責任。”（《論“比較中西”》）

1923年，馮友蘭先生從哥倫比亞大學研究院畢業了，他的博士論文是《天人損益論》（1924年出英文版時改名為《人生理想之比較研究》，1926年出中文版時又改名為《人生哲學》）。這部著作是馮先生20年代的代表作，他通過對中西哲學史的比較研究，進一步闡發了《為什麼中國沒有科學》一文的思想。這部著作的特點是打破東方、西方的界限，把哲學分為三大類，並從中國和西方哲學史中選擇了十個哲學派別，以說明哲學沒有地域上的界限，只有類型上的不同。這三個哲學類型是：一，“自然”型（或曰“天然”型，又稱“損道”）；二，“人為”型（又稱“益道”）；三，處於“自然”與“人為”之間的一類，稱為“中道”。“自然”型的哲學家認為，現在之好為固有，現在之不好起於人為；人本來有樂無苦，現在諸苦，乃自作自受。“人為”型的哲學家的看法恰與“自然”型相反，以現在之不好為世界之本來面目，現在之好則全由於人力；人本來有苦無樂，以其戰勝天然，方有現在之情形。“中道”哲學家取中間路線，認為天然、人為本來不相衝突，人為乃所以輔助天然，而非破壞天然；現在世界即為最好，現在活動即為快樂。

在“損道”哲學中，由於哲學家主損程度之不同可分為三派：一曰浪漫派。此派以道家老莊為代表，以為現在世界之天然境界即好，所須去掉者只人為的境界而已。二曰理想派。此派以柏拉圖為代表，以為現在的世界之上尚有一完美的理想世界，現在世界之事物是相對的，理想世界之概念是絕對的。三曰虛無派。此派以叔本華為代表，亦以為現在世界之上有一完善美滿的世界，但此世界不但不可見，而且不可思。在“益道”哲學中，由於哲學家們主益程度之不同也可分為三派：一曰快樂派。此派以楊朱為代表，以最大的目前快樂為最好，目前舒適即是“樂園”。二曰功利派。以墨子為代表，以為人應犧牲目前快樂而求將來最大多數人之安全與繁榮。三曰進步派。以培根、笛卡爾為代表，以為人如果有充分的知識、權力與進步，則可得一最好的世界，人現在就應該力戰天然，以拓“人國”。關於“中道”哲學，馮先生講了四個學派：一是儒家哲學，認為仁、義、禮、智等道德，亦是人性之自然。二是亞力士多德學派，認為柏拉圖所說的理念即在感覺世界之中，現實事物之生長變化就是對理念的實現。三是新儒學（宋明理學），於日用酬酢之中求靜定。四是黑格爾哲學，主張“我”與“非我”是一非異，絕對精神雖常在創造，而實一無所得。《人生理想之比較研究》沿用了《為什麼中國沒有科學》一文中關於哲學分為“損道”、“益道”、“中道”的思想，但與後者有着重大的不同。在《為什麼中國沒有科學》一文中，馮先生認為“西方是外向的，東方是內向的”；西方哲學主張“人為”，中國哲學主張“自然”。《人生理想之比較研究》一書則要說明：“各派人生理想，是世界各國哲學史中都有的，很難說哪些理想是東方所特有的。”“向內和向外兩派的對立，並不是東方與西方的對立。人的思想都是一樣的，不分東方與西方。”此時，馮先生已經超越了當時許多知識分子關於中西文化優劣的爭執。把中西文化比較研究推進到一個新的階段——注重中西文化的相互聯繫、相互統一、相互理解、相互闡明，着力於中西文化的相互融合，尋求人類文化發展的共同趨勢。

1923年夏，馮友蘭先生畢業回國。按照事先約定，他到河南省中州大學工作，擔任中州大學教授兼哲學系主任、文科主任、校評議會成員、圖書館委員會委員等職務。中州大學的主要領導人，一個是校長，一個是校務主任。校長對外，辦一些奔走應酬的事；校務主任對內，處理校內事務。1925年，原來的校務主任離任，馮先生通過一位朋友向校長張鴻烈開誠佈公地說：“我剛從國外回來，不能不考慮我的前途。有兩個前途可以供我選擇：一個是事功，一個是學術。我在事功方面抱負不大，我只想辦一個很好的大學。中州大學是我們在一起辦起來的，我很願意把辦好中州大學作為我的事業。但是我要有一種指揮全局的權力，明確地說，就是我想當校務主任。如果你不同意，我就要走學術研究那一條路，我需要到一個學術文化的中心去，我就要離開開封了。”(《自序》)根據馮先生的才能和學識，他是完全有能力把中州大學辦好的；況且，當時校務主任一職尚無其他人選。然而校長沒有同意他的要求。

1925年8月，馮先生離開開封經由南京、上海抵達廣州。馮先生去廣州，一是應廣東大學文科主任陳鍾凡之邀，二是想看看這個當時國共合作的革命根據地。馮先生天性厭惡政客、黨派之間的明爭暗鬥，在廣東大學只呆了一個學期，便藉故離開廣州到了北京。1926年2月，馮先生開始在燕京大學任哲學系教授兼燕京研究所導師，講中國哲學史；又兼北京大學講師，講西洋哲學史；同時在華語學校為外國人講《莊子》。燕京大學條件比較好，馮先生一邊教學，一邊做研究工作。但是，這所大學是美國人用庚子賠款創辦的，是一所教會學校。馮先生不情願為洋人辦的教會學校工作，他說："廣東和燕京皆非我安身立命之地。"

1928年夏，馮先生的同學羅家倫出任清華大學校長，馮先生應羅家倫之邀，到清華大學任哲學系教授兼任校秘書長。在清華大學，馮先生總算找到了自己的安身立命之地。馮先生曾經說過，在清華工作的二十多年，是他的一生中最愉快的時期。

清華大學前身清華學堂，是留學美國的預備學校，也是用庚子賠款創辦的。1928年8月17日，國民政府決定改清華學堂為國立清華大學，馮友蘭先生成為清華大學最早的負責人之一。原來的清華大學有許多不正常的情況：其一，清華受當時政府的外交部管轄，是一個不屬於中國教育系統之內的教育機關。其二，在清華大學的校長之上，還有一個太上校長，就是董事會，美國駐中國公使實際上是董事長。其三，在學校內部，職員的地位高於教員，外國教員高於中國教員，洋文高於中文，洋課程高於土課程。羅家倫、馮先生等人到任之後，便大刀闊斧地對清華進行改造，開始招收女生，增加教員工資，減少職員薪水，扭轉了校內的不正常情況。後來，馮先生、羅家倫又先後代表教授會到南京交涉，迫使政府同意撤銷清華董事會和基金會，將清華納入教育系統，歸教育部管轄。批准動用40萬元基金擴建圖書館、閱覽室，建立生物館、氣象台，成立氣象學系。這場鬥爭的勝利，結束了外國人主宰清華命運的歷史。馮先生說："這場干戈是清華反對半殖民地教育的一場嚴重的鬥爭。"(《自序》)對於清華大學，馮先生最留戀的是"教授治校"和民主制度。"所謂'教授治校'，在清華得到了比較完整的形式。"學校有三級會議：一是教授會，由教授組成，教授會有推選院長候選人的權力，院長候選人必須從教授中產生；二是評議會，由行政當局和教授會的代表組成，評議會有審議學校規章制度和重要措施的權力，相當於教授會的常務委員會；三是校務會議，由校長、教務長、秘書長和各院院長組成，處理學校的經常事務，相當於評議會的常務委員會。三級會議各有自己的職權，各有自己的名義。清華大學實行的民主制度就是孫中山先生所說的"民權初步"。按照馮先生的理解，民主的主要精神是少數服從多數，多數寬容少數。"在行使民主的過程中，對於某件事必然有許多不同意見，究竟哪一種意見是多數人所贊成的，這就要開會決定。開會必須有一種議事規則。如果沒有這種一定的規則，那就必然要出現發言盈庭，無所適從，會而不議，議而不決的情況。孫中山把議事規則作為民權初步，這是很有道理的。"（《自序》）清華大學的議事規則規定：會議必須有個提案，然後對這個提案進行表決。凡是參加會議的人，任何人都可以提提案。他的提案，可以是他自己的意見，也可以是他集中別人的意見。在會議中任何人都可以自由發言。提案只有經過大家的討論、表決，多數人贊成以後，才能作為會議的議決案。清華大學的"教授治校"和民主制度實行了整整二十年，一直到1948年底才告結束。

4. 親到長安有幾人（兩卷本《中國哲學史》）

在燕京大學和清華大學工作期間，馮先生一面教學，一面潛心研究中國哲學史，於 1934 年出版了兩卷本《中國哲學史》。這是中國現代第一部完整的中國哲學史。馮先生的這部著作，不僅在中國哲學史領域具有劃時代的意義，而且對傳播和弘揚中國傳統文化起到了別的著作無法替代的作用。

從宏觀上講，馮先生的《中國哲學史》有三大貢獻：

一、時代的劃分。馮先生認為，在中國歷史上有兩個大轉變的時代：一個是春秋戰國時代，一個是清朝末年中外交通的時代。這兩個大轉變把中國歷史分成了三個階段，即秦漢之前的上古時代，秦漢至清中葉的中古時代和清中葉之後的近代。中國歷史有三個時代之分，中國哲學史也應有三個時代之分。馮先生的《中國哲學史》把第一個時代稱為"子學時代"，第二個時代稱為"經學時代"，至於第三個時代，馮先生認為還沒有大的哲學體系出來，新的哲學體系還正在創造之中，所以沒有論及。"子學"的特點是標新立異，生動活潑。因為先秦時期是諸子百家爭鳴的時期，各家各派盡量發表各自的見解，以平等的資格與別家互相辯論，不承認有所謂"一尊"。這在中國歷史中是思想自由、言論自由、學術思潮最高漲的時代。"經學"的特點是僵化、停滯。在這個時代儒家已定為一尊，儒家的典籍已變為"經"。這就為全國老百姓的思想立了限制，樹了標準，建了框框。人們的思想只能活動於"經"的範圍之內，即使有一點新的見解，也只能以註經的形式發表出來，實際上他們也習慣於依傍古人才能思想。馮先生對中國哲學史時代的劃分，不僅對中國哲學史是一大貢獻，而且對中國的文化哲學也是一大貢獻。馮先生曾經說過"這部書斷言：嚴格地說，在中國還未曾有過近代哲學。但是一旦中國實現了近代化，就會有近代中國哲學。這個論斷含蓄地證明，所謂東西文化的差別，實際上就是中古和近古的差別。"(《自序》)

二、材料的使用。五四時期，史學界有一股"疑古"的風氣。在歷史領域，"疑古"派的代表是顧頡剛，他對歷史著作大做"辨偽"。胡適的《中國哲學史大綱》也提倡"疑古"，以"辨偽"為長處。馮先生認為，在寫《中國哲學史》時，審查歷史資料是必要的。從古代流傳下來的號稱為先秦的著作，其中有很多誠然是偽作，例如

《鬼谷子》、《鶡冠子》之類，但是有些篇章，如《莊子》、《荀子》中有些篇章，說它們是真固然不對，說它們是偽也不適當。《莊子》、《荀子》等這一類書名，在先秦本來沒有，所有的只是一些零散的篇章，如《逍遙遊》、《天論》之類。漢朝及以後的人整理先秦學術時，把這些零散篇章按其學術派別編輯起來，成為一部一部的整書。屬於莊子一派的，就題名為《莊子》；屬於荀子一派的，就題名為《荀子》。《莊子》一書本來就不是莊周親筆寫的，《荀子》一書也本來不是荀況親筆寫的，後來的人不知這種情況，就在《莊子》一書上加上莊周撰，在《荀子》一書上加上荀況撰，再後來的人就信以為真。如果明白了上面所說的情況，就知道本來沒有人說他們是真，又從哪裡來的偽呢？馮先生認為，對於流傳下來的哲學史資料，首先要看它有沒有內容。如果沒有內容，即使是真的，也沒有多大價值；如果有內容，即使是偽的，也是有價值的。所謂真偽的問題，不過是時間上的先後問題。一部有價值的著作，如果把它放在錯誤的時代，那就不是歷史的本來面目；如果把它放在它真正出現的時代，那就是很好的資料。對於這一類資料，不加審查就信以為真，那是錯誤的；如果一概抹殺，那也是錯誤的。馮先生說："傳統的說法是'信古'，反對傳統的說法是'疑古'，我的說法，我自稱為'釋古'。"

三、同情的瞭解。馮先生說，他的《中國哲學史》與胡適的《中國哲學史大綱》除了"疑古"與"釋古"的不同之外，還有一點基本的不同，那就是"漢學"與"宋學"的區別。胡適是漢學專家，他的書既有漢學的長處，亦有漢學的短處。長處是對於文字的考證、訓詁比較詳細，短處是對於文字所表示的義理的瞭解體會比較膚淺。馮先生的哲學史則更注重對文字所表示的義理的瞭解和體會。陳寅恪在為此書寫的審查報告上說："今日之談中國古代哲學者，大抵即談其今日自身之哲學者也；所著之中國哲學史者，即其今日自身之哲學史者也。其言論愈有條理系統，則去古人學說之真相愈遠，此弊至今日之談墨學而極矣。……近日中國號稱整理國故之普通狀況，誠可為長歎息者也。今欲求一中國古代哲學史，能矯附會之惡習，而具瞭解之同情者，則馮君此作庶幾近之。"金岳霖的審查報告說："馮先生的思想傾向於實在主義，但沒有以實在主義的觀點去批評中國固有的哲學。因其如此，他對於古人的思想雖未必贊成，而竟能如陳先生所云：'神遊冥想與立說之古人處於同一境界。'"對古人的思想作同情的瞭解是很不容易的，這不僅需要對古代哲學著作能夠"解其言"、"知其意"，而且需要把古人沒有表達出來的思維過程寫出來。寫出來的思維過程要同於古人真實的思維過程，表達出來的"意"要同於古人未表達而欲表達的"意"。

從微觀上講。馮先生這部著作的貢獻也是重大的。對於先秦哲學，馮先生首先把名學劃分為"合同異"與"離堅白"兩派，前者以惠施為首，後者以公孫龍為首，打破了前人籠統地講名學的局限。對於魏晉哲學，馮先生把王弼的《老子註》、郭象的《莊子註》看成是獨立的哲學著作，把王弼、郭象從老子、莊子的附庸地位中分離出來，使他們成為獨樹一幟的哲學家。對於隋唐哲學，把佛教哲學寫進中國哲學史也是由馮先生開其端。對於宋明哲學，馮先生把二程兄弟的思想作了分別，認為程明道為以後心學之先驅，程伊川為以後理學之先驅。

馮先生的《中國哲學史》在這個領域具有開山之功。馮先生在這部著作中首創的方法、觀點乃至一些具體的見解、論斷，至今仍為後人所沿用。

5. 在西南聯大的日子裡（1937—1946）

在清華大學，正當馮先生在事功和學術兩個方面都取得了成功時，抗日戰爭爆發了。1937 年 7 月 29 日北平淪陷。是年 9 月，清華大學奉命南遷，馮先生隨學校南渡。到湖南長沙後，南遷的清華大學、北京大學和南開大學合併為長沙臨時大學。文學院設在南嶽衡山腳下，"背後靠着衡山，大門前邊有一條從衡山流下來的小河。大雨之後，小河還會變成一個小瀑布。地方很是清幽。在兵荒馬亂之中，有這樣一個地方可以讀書，師生都很滿意。"（《自序》）

環境雖然幽靜，但在國破家亡的時局中，這些具有憂患意識的知識分子們的心境卻並不平靜。馮先生回憶當時的情景時說："我有一次爬山，走到一個地方，叫'二賢祠'。據說是朱熹和張栻聚會的地方。祠裡正房叫'嘉會堂'。堂中立了一塊橫匾，上寫'一會千秋'。我作了幾首詩，其中二首是：'二賢祠裡拜朱張，一會千秋嘉會堂。公所可遊南嶽耳，江山半壁太淒涼。''洛陽文物已塵灰，汴水繁華又草萊。非只懷公傷往跡，親知南渡事堪哀。'在有一次會上，朱自清朗誦了這兩首詩，全體師生都感到悽愴。"

不久，南京失守，長沙也受到威脅，學校再次遷移至昆明，易名西南聯合大學，先生任文學院院長。在當時極其困難的情況下，馮先生一面繼續其學術研究，一面用哲學作武器積極參加抗戰。在抗戰八年中，馮先生不斷寫文章、做講演，鼓舞人們的必勝信念。1938年7月7日，在抗戰紀念集會上，馮先生講演時指出：中日戰爭非出偶然，乃歷史之必然產物，其意義在爭奪做東亞之主人。一年來之抗戰成績令人滿意。中國方面堅持持久戰，大有希望。各城一時失陷，不足悲觀。我軍最後勝利之日，將在日本資源耗盡之時。戰爭固然能破壞，然同時將取得文明之進步。聽者評論此講演“語甚精當”，“語極樂觀”。

1939年4月，馮先生《論抗建（新事論之十一）》刊於《新動向》。文章指出：“我們的時代是中國中興的時代，而不是中國衰亡的時代。舊說‘否極泰來’，在近代，中國否極的時候是在清末民初。現在已是泰來的時候了”。“日本怕中國進步到一個地步，不可複製，所以先下手為強”，所以發動侵華戰爭。抗日戰爭是被壓迫者反抗壓迫者的革命，是中國進步的一個必經階段，一個必過的關，闖過也要闖，闖不過也要闖。“我們若知這次中日戰爭是中國的成為城裡人的過程中的一個階段，我們即可知，所謂抗戰與建國，並不是兩件事情，而只是一件事情的兩個方面。在這個階段中，我們發現了一個真理，此即是：一面抗戰，一面建國。”

1939年5月，馮先生《讚中華（新事論之二十）》在《新動向》上刊出。文章指出：“中國自商周以來，有一貫底一種國風。此種國風是：在中國社會裡，道德底價值高於一切。在這種國風裡，中國少出了許多大藝術家，大文學家，以及等等底大家。但靠這種國風，中華民族成為世界上最大底民族。而且除幾個短時期外，永久是光榮地生存着。在這些方面，世界上沒有一個民族，能望及中國的項背。在眼前這個不平等底戰爭中，我們還靠這種國風支援下去。我們可以說，在過去我們在這種國風裡生存，在將來我們還要在這種國風裡得救。”

1942年6月，馮先生在昆明《中央日報》發表文章《樂觀與戒懼》。文章說，“中國與西洋接觸，近百年來，國人始則妄自尊大，繼則妄自菲薄。四年多底抗戰，我們對於我們自己的力量，才有真正底認識。清末民初以來妄自菲薄底殖民地人的心理，才算逐漸廓清。民族自尊心及自信心，才算逐漸恢復。這是這次抗戰的最大收穫”。“時局真相是：如果我們戒慎、恐懼，兢兢業業，努力以求勝利，勝利是可以得到底。戒慎恐懼是我們對於前途樂觀的一個條件。惟大家都戒慎恐懼，前途才可以樂觀。並不是對前途樂觀，即不必戒慎恐懼，亦不是因為我們恐懼，前途即不可樂觀。”

抗戰期間，西南聯大雖說處在大後方，師生們的生活同樣是艱苦的。一方面是日軍飛機經常轟炸，一方面是物價日益飛漲。1944年，馮先生一家住在一個舊廟裡，任夫人炸麻花補貼生活，馮先生也參加了部分教授組成的賣文賣字會，準備不得已時賣文賣字貼補家用。

八年之久的抗日戰爭終於勝利了。1946年3月，西南聯大決定解散，原來的三校各自復員。5月4日，由馮先生撰文、聞一多篆額、羅庸書丹的西南聯大紀念碑揭幕。碑文曰：

中華民國三十四年九月九日，我國家受日本之降於南京。上距二十六年七月七日盧溝橋之變，為時八年；再上距二十年九月十八日瀋陽之變，為時十四年；再上距清甲午之役，為時五十一年。舉凡五十年間，日本所鯨吞蠶食於我國家者，至是悉備圖籍獻還。全勝之局，秦漢以來，所未有也。國立北京大學、國立清華大學，原設北平；私立南開大學，原設天津。自瀋陽之變，我國家之威權逐漸南移，惟以文化力量，與日本爭持於平津，此三校實為其中堅。二十六年，平津失守，三校奉命遷於湖南，合組為國立長沙臨時大學，以三校校長蔣夢麟、梅貽琦、張伯苓為常務委員，主持校務，設法、理、工學院於長沙，文學院於南嶽，於十一月一日開始上課。迨京滬失守，武漢震動，臨時大學又奉命遷雲南。師生徒步經貴州，於二十七年四月二十六日抵昆明。旋奉命改名為國立西南聯合大學，設理、工學院於昆明，文、法學院於蒙自，於五月四日開始上課。一學期後，文、法學院亦遷昆明。二十七年，增設師範學院。二十九年，設分校於四川敘永，一學年後，併於本校。昆明本為後方名城，自日軍入安南、陷緬甸，又成後方（“後方”當作“前方” ——馮註）重鎮。聯合大學支援其間，先後畢業學生二千餘人，從軍旅者八百餘人。河山既復，日月重光，聯合大學之戰時使命既成，奉命於三十五年五月四日結束。原有三校，即將返故居，復舊業。緬維八年支援之苦辛，與夫三校合作之協和，可紀念者，蓋有四焉。我國家以世界之古國，居東亞之天府，本應紹漢唐之遺烈，作並世之先進。將來建國完成，必於世界歷史，居獨特之地位。蓋並世列強，雖新而不古；希臘、羅馬，有古而無今。惟我國家，亙古亙今，亦新亦舊，斯所謂‘周雖舊邦，其命維新’者也。曠代之偉業，八年之抗戰已開其規模，立其基礎。今日之勝利，於我國家有旋乾轉坤之功，而聯合大學之使命，與抗戰相終始。此其可紀念者一也。文人相輕，自古而然，昔人所言，今有同慨。三校有不同之歷史，各異之學風，八年之久，合作無間，同無妨異，異不害同，五色交輝，相得益彰；八音合奏，終和且平。此其可紀念者二也。萬物並育而不相害，道並行而不相悖，小德川流，大德敦化，此天地之所以為大，斯雖先民之恆言，實為民主之真諦，聯合大學以其兼容併包之精神，轉移社會一時之風氣，內樹學術自由之規模，外來‘民主堡壘’之稱號，違千夫之諾諾，作一士之諤諤。此其可紀念者三也。稽之往史，我民族若不能立足於中原，偏安江表，稱曰南渡。南渡之人，未有能北返者：晉人南渡，其例一也；宋人南渡，其例二也；明人南渡，其例三也。‘風景不殊’，晉人之深悲；‘還我河山’，宋人之虛願。吾人為第四次之南渡，乃能於不十年間，收恢復之全功。庾信不哀江南，杜甫喜收薊北。此其可紀念者四也。聯合大學初定校歌，其辭始歎南遷流離之苦辛，中頌師生不屈之壯志，終寄最後勝利之期望。校以今日之成功，歷歷不爽，若合符契。聯合大學之終始，豈非一代之盛事，曠百世而難遇者哉！爰就歌辭，勒為碑銘，銘曰：痛南渡，辭宮闕。駐衡湘，又離別。更長征，經嶢嶂。望中原，遍灑血。抵絕徼，繼講說。詩書喪，猶有舌。盡笳吹，情彌切。千秋恥，終已雪。見仇寇，如煙滅。起朔北，迄南越，視金甌，已無缺。大一統，無傾折。中興業，繼往烈。維三校，兄弟列，為一體，如膠結。同艱難，共歡悅，聯合竟，使命徹，神京復，還燕碣。以此石，象堅節，紀嘉慶，告來哲。

西南聯大在“八年辛苦備嘗，喜日月重光”，“聯合竟，使命徹，神京復，還燕碣”的歡悅中宣告結束。馮先生及家屬，經重慶回到久別的北平。

6. 六書紀貞元（馮友蘭的哲學體系）

抗日戰爭時期，民族的興亡與歷史的變化給了馮先生許多激勵和啟發，在近十年的顛沛流離中，他寫了六部哲學著作：《新理學》（1939年出版），《新事論》（1940年出版），《新世論》（1940年出版），《新原人》（1943年出版），《新原道》（1944年出版），《新知言》（1946年出版）。這六部著作，馮先生稱之為“貞元六書”。貞元六書是馮先生最主要的哲學著作，它構成了馮先生的哲學體系。這個體系是“接着”程朱理學講的，所以叫做“新理學”。按照馮先生的理解，“哲學是對於人類精神生活的反思，人類精神生活所涉及的範圍很廣，這個反思所涉及的範圍也不能不隨之而廣。這個範圍大概說起來，可以分為三部分：一部分是自然，一部分是社會，一部分是個人”。《新理學》是馮友蘭哲學體系的一個總綱，重點講自然，《新事論》講社會，《新原人》講人生。這三部書是貞元六書中最為重要的著作，突出地反映了馮先生的哲學思想。

在《新理學》一書中，馮先生用邏輯分析的方法構建了一個形上學，後來他又把這個形上學濃縮為四個基本命題和四個基本概念：第一組命題是，凡事物必都是什麼事物，什麼事物必都是某種事物。某種事物為某種事物，必有某種事物之所以為某種事物者。這個"某種事物之所以為某種事物者"，就是"理"。"理"是一類事物的共相，也是一類事物的規定性，某一事物之所以能夠歸於某一類，就是由於它實現了這類事物的理。第二組命題是，事物必都存在，存在的事物必都有其所以能存在者。這個"存在的事物所以能存在者"，名之為"氣"。"氣"是構成事物的"料"，這個"料"是不具有任何規定性的邏輯概念。實際事物是"氣"對"理"的實現。第三組命題是，存在是一種流行。事物的存在是其氣實現某理或某某理的流行。總所有的流行，謂之"道體"。第四組命題是，總一切的有，謂之"大全"。大全即宇宙。包括一切理和一切事物。在《新理學》中，馮先生把整個宇宙分成了兩個世界：一個是形而上的理世界（真際）。在理世界中，只有"衝漠無朕，萬象森然"的眾理。這個世界是可思而不可感的。一個是形而下的器世界（實際），這個世界是氣實現了理之後形成的。馮先生認為，真際比實際更廣闊，因為某種事物之理可以無某種事物而有，但不可能實際中有某種事物，而真際中卻沒有這種事物之理。真際比實際更根本，因為從邏輯上講，某種事物之理是先於某種事物而有的。馮先生認為，哲學主要討論兩個問題：一個是共相與殊相的關係問題，一個是主體與客體的關係問題。《新理學》討論的是第一個問題。馮先生的結論是，共相可以脫離殊相而獨立存在，殊相只是共相在實際中的例證。以馬克思主義的觀點看，馮先生的形上學無疑是唯心主義的。然而，唯心主義並非沒有價值。馮先生的《新理學》的最大價值，就是用邏輯分析的方法確立了一個理想世界——理世界。這個與現實世界相對的理世界，為社會的進步和人生的發展提供了一個前進的目標和趨勢。

《新事論》一書，是以《新理學》中關於共相與殊相的關係問題的討論為基礎，解決中國走向自由之路的問題。1935年1月，上海有十位教授聯合發表了一篇文章，題目是《中國本位的文化建設宣言》。這個宣言掀起了五四以後又一次關於中西文化的大論戰，其爭論的焦點是，一方主張建設中國的"本位文化"，另一方主張"全盤西化"。馮先生以《新事論》一書參加了這場大討論。馮先生認為，"本位文化"論者與"全盤西化"論者犯了一個同樣的錯誤，就是"不知類"。他們都是從特殊的觀點看文化，把西洋文化當成一個特殊，把中國文化當成另一個特殊。馮先生指出，所謂中西文化的差別，實際上是文化類型的差別，西洋文化是生產社會化的文化，中國文化是生產家庭化的文化。各類文化本來都是公共的，任何國家或民族俱可有之。只是由於西方率先實現了產業革命，使人捨棄了以家庭為本位的生產方法，脫離了以家庭為本位的生產制度；而中國至今仍然是以家庭為本位的生產方式和以家庭為本位的生產制度。有了以家庭為本位的生產制度，即有以家庭為本位的社會制度。以此等制度為中心的文化，就叫做生產家庭化的文化。有了以社會為本位的生產制度，即有以社會為本位的社會制度。以此等制度為中心的文化，就叫做生產社會化的文化。在這種情形下，如專提倡所謂"東方的精神文明"，以抵制西方勢力的侵入，那是絕對不能成功的。中國人要想不吃虧，惟一的辦法是趕緊實現工業化，使中國文化從生產家庭化轉型為生產社會化，使中國人從"鄉下人"變為"城裡人"。

《新原人》是講人生的。馮先生說："《新事論》和《新原人》都是'新理學'的應用。更廣泛一點說，《新原人》也可以說是哲學的應用。"(《自序》)因為哲學的責任，是要解決使人"安身立命"的大問題。人的"安身立命之地"，不是一種純客觀的環境，而是一種"境界"。所謂"境界"，就是人對於宇宙人生在某種程度上所有的覺解，或者說，就是宇宙人生對於人所有的某種不同的意義。馮先生認為，人生最特殊、最顯著的性質就是有"覺解"。"解"是瞭解，"覺"是自覺。他說："若問：人是怎樣一種東西？我們可以說：人是有覺解底東西，或有較高程度底覺解底東西。若問：人生是怎樣一回事？我們可以說：人生是有覺解底生活，或有較高程度底覺解的生活。"(《新原人》)馮先生認為，就存在說，人們有一個公共的世界，但因人對之有不同的覺解，這個公共世界便對人有不同的意義，因此，各個人各有一不同的境界。

馮先生根據人對宇宙人生的覺解程度，把人生境界劃分為四個層次，提出人生四境界說。它們依次是：自然境界，功利境界，道德境界，天地境界。自然境界是最低的。自然境界中的人，其行為是"順才"的或"順習"的，也就是完全順其自然之性行事。這種人對於宇宙人生無覺解或只有很低的覺解。功利境界則高了一層。功利境界中的人，其行為是"為利"的，他們只知道有"小我"，不知道有"大我"。這種人和前一種人同樣"不知性"。道德境界更高一層。道德境界中的人，其行為是"為義"的。他們已經覺解到人是社會中一分子，人的生存與發展離不開社會，人之性中含有社會性。因此，他們懂得，為他人和社會謀利，也就是實現人之性、人之理。天地境界是最高的。天地境界也就是"天人合一"的境界。馮先生所說的"天"，即《新理學》中所謂"大全"。在這種境界中的人，知道"大全"是"其大無外"，永恆不息的，並且自己就是"大全"的一分子，這叫"知天"。人知道自己是"大全"的一分子，其行為就不僅是盡社會一員的責任，而且是盡宇宙一員的責任，這叫"事天"。"知天"也就是窮神知化。能知天者，不但他所做的事對於他有新的意義，且他所見的事物對於他亦另有意義。於事物中見此等意義者，有一種樂。有此種樂，謂之"樂天"。經過知天、事天、樂天的準備，最後進入到不但覺解自己是大全的一部分，並且自同於大全。自同於大全是天地境界中的人的最高造詣，這種造詣叫做“同天”。“同天”就是打破了人與己、內與外、我與萬物的界限，達到我即大全，大全即我，大全與我渾然為一的境界。這種境界是聖人境界——人生的最高境界。馮先生指出：大全是不可思議的，同於大全的境界亦是不可思議的。但是，不可思議者，仍須以思議得之；不可瞭解者，仍須以瞭解瞭解之；不可言說者，然欲告人，亦必用言語言說之。不可思議、不可瞭解是思議、瞭解的最高得穫，這種得穫是思議、瞭解的最後成就，不是與思議、瞭解對立的。

“貞元六書”的出版，使馮先生成了二十世紀40年代中國最大的哲學家。無論後人如何評議，他在中國哲學史上的地位將是永恆的。

7. 一部被譯成多種語言的書（《中國哲學簡史》）

《中國哲學簡史》是馮友蘭先生所著的三部中國哲學史（三史）之一，也是他一生學術創作的重要里程碑。1946年8月，馮先生應美國賓夕法尼亞大學（University of Pennsylvania）的邀請，再次橫渡太平洋到美國，在該大學任客座教授，主要任務是講授中國哲學史。為了準備講課，馮先生用英文寫了一部講稿，離紐約前，他將該講稿題名為 *A Short History of Chinese Philosophy*（《中國哲學簡史》）交麥克米倫公司出版。

該書從1948年以英文出版後，一直沒有中譯本，直到1985方由涂又光先生譯成中文，與國人見面（2004年又有趙復三中譯本出版），至此，該書已有法、意、西、南、捷、日、朝、中等十二種語言的譯本，可謂中國學術史上的一大盛事。該書的思想、語言、風格及其文化、哲學的涵蘊別具風采，深受西方讀者歡迎。其特點已如馮友蘭先生在該書《自序》中所概括的那樣："小史者，非徒巨著之節略，姓名、學派之清單也。譬猶圖畫，小景之中，形神自足。非全史在胸，曷克臻此。惟其如是，讀其書者，乃覺擇焉雖精而語焉猶詳也。"從1948年至現在，在將近半個世紀的時間裡，《中國哲學簡史》作為一部"形神自足"的中國哲學史著作，其流傳與影響可謂既久且廣，既深且巨。它幾乎成為西方人瞭解中國哲學和中國文化的範本。幾十年來，它與兩卷本《中國哲學史》一起，成為世界許多大學學習中國哲學的通用教材。人們普遍承認，馮友蘭先生不僅把西方哲學和文化傳播到中國，而且也把中國哲學和文化傳播到西方。《中國哲學簡史》正是東西方文化及其哲學融會貫通、雙向傳播的巨大成果和橋樑。

《中國哲學簡史》在中西文化及其哲學的溝通交流中，之所以產生如此巨大的影響，主要原因在於馮友蘭先生能夠用西方人所熟悉的邏輯分析方法，勾畫中國哲學的發展線索。對於中國人來說，邏輯分析方法的引進，標誌着中國哲學開始了近代化的歷程。《簡史》正是站在使中國哲學近代化的立場上，對中國哲學與中國文化給予了特別的關注。馮友蘭先生在撰寫《簡史》的時代，中國歷史已進入了二十世紀中期。如果說五四前後人們對現代化的概念還有些陌生的話，那麼歷史進入二十世紀中期，科學的進展早已突破了地域的限制。中國不再是孤立於"四海之內"的"天朝上國"，她也在進行工業化，雖然比西方世界遲了許多，"但遲化總比不化好"，"要生存在現代世界裡，中國就必須現代化"。這是馮友蘭先生在《簡史》中所得出的第一個結論。按照上述邏輯，接着衍生出第二個問題：一旦中國工業化了，舊的家族制度勢必廢除，為此制度做論證的儒家理論也要隨之廢除。"但這樣說是不是意味着儒家的社會哲學中就沒有不相對的東西了呢？"馮友蘭在《簡史》中對上述問題的回答是否定的。他認為，傳統哲學對中國社會的理論說明，雖然其中有些東西是專門屬於中國古代社會本身的，"但是也一定有些更為普遍的東西屬於'社會一般'的。正是後面這些東西是不相對的，具有長遠的價值"。

馮友蘭先生對中國哲學與中國文化的普遍關切，表現在他對中國文化那些"不相對的，具有長遠的價值"的東西的熱烈追求。為此，他在《簡史》中特別界定了哲學與宗教的關係，認為儒家不是宗教。因為按照中國哲學的傳統，"它的功用不在於增加積極的知識，而在於提高心靈的境界——達到超乎現世的境界，從而獲得高於道德價值的價值"。這就是說，"哲學可以為人類提供獲得最高價值的途徑——一條比宗教提供的途徑更為直接的途徑，因為在哲學裡，為了熟悉更高的價值，無須採取祈禱、禮拜之類的迂迴的道路"。

在馮友蘭先生看來，通過哲學而獲得的更高價值，比通過宗教而獲得的更高價值要純粹得多，因為後者混雜着想像和迷信。就此，這位哲學家以清醒的睿智向人們預言："在未來的世界，人類將要以哲學代宗教。這是與中國傳統相合的。人不一定應當是宗教的，但是他一定應當是哲學的。"在中國哲學與文化中，同樣具有入世與出世的對立。"中國哲學的任務，就是把這些反命題統一成一個合命題"。如何統一起來？這便是中國哲學所要解決的問題。馮友蘭先生認為："求解決這個問題，是中國哲學的精神"。他引用宋代新儒家的話說："不離日用常行內，直到先天未畫前。"此即馮先生所一貫追求的"極高明而道中庸"的理想境界。他認為，出世與入世的統一，極高明與道中庸的統一，是中國哲學的精神。"有了這種精神，它就是最理想主義的，同時又是最現實主義的；它是很實用的，但是並不膚淺。"

與30年代的兩卷本《中國哲學史》相比，《中國哲學簡史》更具有時代感、民族感和濃厚的文化歷史意識。

8. 外在的苦難與內在的真誠（1949—1976）

1949年中國革命的勝利，使中國進入了一個嶄新的發展階段。在祖國的土地上進行的如火如荼的革命與建設的熱潮，把馮友蘭這位滿腹經綸的哲學家的視野從書齋引向了社會。1950年冬，馮友蘭和清華大學師生一起參加了土改工作組。1951年秋，他作為中國文化代表團的成員，與丁西林、李一氓、鄭振鐸、劉白羽、錢偉長、季羨林等人訪問了印度和緬甸。1956年9月赴瑞士、意大利參加國際學術會議，同年又隨佛教代表團再赴印度參加釋迦牟尼誕生2500週年大會。1957年7月，與潘梓年、金岳霖赴波蘭參加國際哲學會議並途經蘇聯訪問。1957年4月，他與周谷城、胡繩、金岳霖、鄭昕、賀麟等人應邀到毛澤東家裡作客。此後，他又多次受到毛澤東及中央領導人的接見。頻繁的國際學術交往，領導人的禮遇和關懷，祖國建設的突飛猛進，所有這一切使馮友蘭先生確實有一種"解放"之感。他在回憶起建國後這段往事時，真誠地表示："中國革命勝利了，革命帶來了馬克思主義的哲學。絕大多數中國人，包括知識分子，支援了革命，接受了馬克思主義。人們深信，正是這場革命，制止了帝國主義的侵略，推翻了軍閥和地主的剝削和壓迫，從半封建半殖民地的地位拯救出了中國，重新獲得了中國的獨立和自由。人們相信馬克思主義是真理。"（《自序》）

這只是當時情況的一個方面。對於馮友蘭來說，現實還有更重要的另一個方面。從1949年起，他便不斷接到來自有關方面對他提出的"要反省自己的反動言行"的警告。他幾乎是在新政權的巨大震懾中嘗試着新的生活，而這新生活的第一步，便是在嚴酷的思想改造和不斷地進行自我批判中開始的。

從1950年開始的對《新理學》的批判，到1957年開始的對“抽象繼承法”、“樹立一個對立面”、“思想的普遍原則”等問題的批判，都具有思想與學術的“清算”性質。可以說，自二十世紀50年代初至60年代中期的十幾年的時間裡，學術界對馮友蘭先生的批判從未停止過。在這些批判中，馮友蘭先生被戴上“思想反動”、“政治反動”、“應帝王思想”、“徹底的唯心論”、“新國粹主義”、“反馬克思主義”、“修正主義”、“假權威”、“偽科學”、“空頭哲學家”等一系列大大小小的帽子。

面對這些帽子和批判，馮友蘭先生沒有被壓倒，但也不能申辯，因為一點點申辯，“在當時也是不能提出的。你要是提出，他們就給你再加上一頂帽子。”(《自序》)在曲折坎坷的學術生活中，馮友蘭先生似乎學會了一點東西，那就是“走自己的路”，不要被外在的某種力量牽着走。因為，對他來說，還有一件“舊邦新命”的大事等待着他去完成。這正如他在1964年的一首詩中所說：

漢朝柏樹六朝松，閱盡滄桑仍鬱蔥。
千年留得青春在，長為遊人送好風。

然而，現實是無情的。60年代中期，“文化大革命”的狂飆席捲全國。在一片“造反有理”的喊殺聲中，馮友蘭先生又被戴上了“反共老手”、“反動學術權威”、“蔣介石御用哲學家”等多頂帽子。從1966年“文革”一開始，馮友蘭先生便被抄家、遊鬥、封存書籍、扣發工資，接着便是大會小會的批判、人身侮辱、變相體罰等，甚至在尿中毒病情加劇的情況下，手術未做完便被拉到台上批鬥，當時馮先生身上還插着導尿管，隨身攜帶着儲尿瓶。

1968年8月，“文革”以“階級鬥爭”和“無產階級專政”的名義，從思想、政治上的批判逐漸升級到對馮友蘭先生的人身侵犯，他被限制了人身自由並被關進“牛棚”，進行隔離審查。白天勞動、背誦語錄、寫交待材料，晚上則鋪稻草席地而臥，每日三餐前還要按規定整隊向毛澤東像頂禮請罪。任夫人見他夜裡不能回家，很不放心，故每天上午都要到辦公樓前，坐在台階上，望着外文樓，先生曾說：“看見我跟着隊伍出來吃飯，她就知道我又平安地過了一夜，還沒有死，她就放心了。第二天照樣再去等。那裡有幾塊石頭，我說那幾塊石頭可以叫‘望夫石’。”（《自序》）這是多麼沉重的等待，多麼辛酸的回憶啊！這時已是73歲的善良老人，一位慣於對生活和社會進行反思的哲學家，此時卻經歷了他一生中最為淒慘的漫長歲月。

1976年，也許是中國現代史上最值得紀念的日子，囂張一時、不可一世的“四人幫”終於垮台了。然而，正當馮友蘭先生及其家人同全國人民一道興高采烈地慶祝這個難忘的日子的時候，馮友蘭先生的名字又被列入重點審查人物的名單中。他又一次受到嚴厲的批判。這次批判，雖然與以前的歷次批判有點差別，但仍然夾帶着濃烈的“文革”遺風，有些人又給這位當時已是82歲的老人的頭上，戴上了“反動文人”、“四人幫的賓師”、“助紂為虐，用筆殺人”等政治帽子，又開始了無休止的揭發、檢查和批判運動。先生回憶說，至此，“經過‘四人幫’這一段折騰，我從解放以來所得到的政治待遇都取消了，我又回到解放初那個時期的情況。這也可以說是‘赤條條來去無牽掛’吧”。（《自序》）對於馮友蘭先生來說，此時確有些“看破紅塵”之感，但他沒有就此消沉，因為“還是有一件大事牽掛着我，那就是祖國舊邦新命的命運，中華民族的前途”。（《自序》）

於是，在對歷史和自己的經歷作了一番反思之後，馮友蘭先生又以“老驥伏櫪”的精神，全神貫注地進行他的學術創作，以期用自己的生命作燃料，延續和光大中國傳統文化這團真火。

9. 舊邦新命 真火無疆（晚年明志）

1982年底，馮友蘭先生在女兒、當代著名作家宗璞的陪同下，出席了美國學術聯合會、亞洲太平洋研究中心聯合召開的夏威夷國際朱熹學術討論會。會上，由宗璞代先生宣讀了用英文撰寫的會議論文《宋明道學通論》。會議期間，還分別會見了陳榮捷、狄百瑞等著名學者，並有詩詞唱和與書籍互贈。討論會結束後，馮先生又在宗璞陪同下，赴美國大陸觀光遊覽，會見親友、學生。9月，至紐約參加哥倫比亞大學特為馮先生舉行的名譽文學博士學位授予儀式。在授予學位儀式中，馮先生發表了一篇答詞。這篇答詞不僅代表了馮先生晚年的志向所歸，同時也是馮先生對其一生從事的文化學術事業所作出的最高概括和總結。他認為，中華民族的古老文化雖然已經過去了，但它沒有死亡，其原因即在於這種古老文明深深扎根於五千年的歷史傳統中。它不僅是過去的終點，也是將來的起點，因為歷史是不能割斷的。他說："我經常想起儒家經典《詩經》中的兩句話：'周雖舊邦，其命維新。'就現在來說，中國就是舊邦而有新命，新命就是現代化。"他滿懷信心地展望，"將來中國的現代化成功，它將成為世界上最古、又是最新的國家"，"新舊相續，源遠流長，使古老的中華民族文化放出新的光彩"。

馮友蘭先生一生的奮鬥目標，即是他自我期許的"舊邦新命"在中華大地的實現。從上世紀20年代的《人生哲學》，到30年代的兩卷本《中國哲學史》，再到40年代的"貞元六書"，一直到他後半生為之筆耕不輟的《中國哲學史新編》，無不體現這位飽經時代滄桑的哲學家對民族前途和民族文化所投注的生命般的關切。

有了這種關切，他一生所遭遇的坎坷和無數的外在苦難、困擾及所走過的道路，在他看來，這些都是玄學家郭象所說的“跡”，而更重要的是“所以跡”。那麼馮先生的“所以跡”是什麼呢？他在1984年出版的《三松堂學術文集》的“自序”中，對此作了明確的回答。他說：“中國處在現在這個世界，有幾千年的歷史，可以說是一個‘舊邦’。這個舊邦要適應新的環境，它就有一個新的任務，即在新的歷史條件下，在這塊古老的土地上，建設新的物質文明和精神文明，這就是‘新命’……怎麼樣實現‘舊邦新命’，我要作自己的貢獻，這就是我的‘所以跡’。”

他還把自己的著作和研究成果比作精神上的“遺體”。肉體上的遺體可獻給國家，作解剖之用；“精神上的‘遺體’和肉體上的遺體有點不同，那就是當一個人在他的精神生活還沒有停止以前，就可以把以前的‘遺體’捐獻出來，供人們解剖”。馮友蘭先生生前即是以這樣的胸懷，為中國文化的未來，為中華民族的復興，不斷提供自己的精神“遺體”。這正如他一再表示的那樣：“在振興中華的偉大事業中，每一個中華民族的成員，都應該盡其力之所及做一點事。我所能做的事就是把中國古典哲學中的有永久價值的東西，闡發出來，以作為中國哲學發展的養料，看它是否可以作為中國哲學發展的一個來源。我認為中國古典哲學中有些部分，對於人類精神境界的提高，對於人生中的普遍問題的解決，是有所貢獻的。這就有永久的價值。”(《自序》)中國古典哲學中具有永久價值的東西，不是別的，它正是人類幾千年積累下來的智慧。

馮先生的學術活動和哲學創作都是為了“闡舊邦以輔新命”，因此他孜孜不倦地在中國傳統哲學與傳統文化中追尋那些具有永久價值的東西，為未來的新的哲學體系的出現準備材料、鋪設道路、提供營養。他堅信，“為現代中國服務的包括各方面的廣泛哲學體系，會需要中國古典哲學作為它的來源之一”。他在1982年重訪哥倫比亞大學時所作的一首詩，表達了他獻身中國文化的崇高願望。詩曰：

一別貞江六十春，問江可認再來人？
智山慧海傳真火，願隨前薪作後薪。

這首詩可以作為馮先生一生學術活動的寫照。在他的一生中雖然走了許多曲折的路，但無論遇到什麼困難和挫折，他都未曾停止自己的研究和寫作。外界褒貶、環境逆順、個人得失，都已淹沒在他的學術創作和自我超越的精神境界中，此正可謂"舉世譽之而不加勸，舉世非之而不加沮"。他在中國哲學與中國文化的研究中所取得的成就，一方面正是得力於這種思想境界的支援，另一方面則完全是以孜孜不倦的思考和辛勤勞動為前提。他生前經常引用李商隱"春蠶到死絲方盡，蠟炬成灰淚始乾"這兩句詩來表達他獻身中國哲學和中國文化的崇高願望。他在《三松堂自序》中寫道："蠶是用它的生命來吐絲的，蠟燭是用它的生命來發光的"，"人類幾千年積累下來的智慧，真是如山如海，像一團真火。這團真火要靠無窮無盡的燃料繼續添上去，才能繼續傳下來。歷史上的哲學家、詩人、文學家、藝術家都是用他們的生命作燃料以傳這團真火。"馮友蘭先生正是這樣一位用自己的行動來實踐這些美好願望的不朽哲人。

10. 向自己的回歸與"闡舊邦以輔新命"的實現
（《中國哲學史新編》）

《中國哲學史新編》（以下簡稱《新編》）是馮友蘭先生繼兩卷本《中國哲學史》、《中國哲學簡史》以後的第三部中國哲學史著作，是他自己所謂的"三史釋今古"的"三史"之一，也是他在新中國成立以後的四十餘年裡所着力完成的一部最完整、最系統的學術著作。因此《新編》也就成為馮友蘭先生一生學術創作的最後里程碑，亦可作為他的學術思想的晚年定論。

正如馮友蘭先生後半生的人生坎坷一樣，《新編》的寫作與完成也充滿了學術上的坎坷。《新編》的起筆，可以追溯到60年代初。當時，馮友蘭先生是以懺悔的心態開始撰寫《新編》的，這可從《新編》第一冊出版時的扉頁題詞中看出。其題詞曰："望道便驚天地寬，南針廿載溯延安。小言亦可潤洪業，新作應需代舊刊。始悟顏回歎孔氏，不為餘子學邯鄲。此關換骨脫胎事，莫當尋常著述看。" 1962年，《新編》第一冊出版。1964年，第二冊出版。一、二冊的撰寫是馮友蘭先生力圖以馬列主義、毛澤東思想為指導研究中國哲學史的第一次嘗試。儘管如此，當第一冊出版後，還是遭到一些更"左"的批評。此書出版到第二冊，便開始了"文化大革命"，馮友蘭先生的工作也就被迫停止了。以"文革"為代表的極左思潮，延續到70年代中後期。"階級鬥爭"、"兩條路線鬥爭"、"評法批儒"等政治口號滲透到一切領域。在此期間，馮友蘭先生又修訂了60年代出版的《新編》一、二冊並準備繼續寫下去。1976年"四人幫"垮台，標誌"文化大革命"的結束，《新編》一、二冊的修訂本未出版，便又自動停止了。進入80年代，中國再次發生巨大的歷史性轉折。改革開放有如一股強勁的春風，吹遍中華大地，煙消霧散，萬物復蘇。馮友蘭先生又重新開始了自己的學術創作，但人已垂垂老矣，此時馮友蘭先生已進入85歲高齡。

面對60年代出版的《新編》一、二冊和"文革"期間的《新編》一、二冊的修訂稿，馮先生無限感慨。他深深感到："路是要自己走的，道理是要自己認識的，學術上的結論是要靠自己的研究得來的。一個學術工作者所寫的應該就是他所想的，不是從什麼地方抄來的，不是依傍什麼樣本摹畫來的。”（1980年版《新編》第一冊“自序”）這發自內心的話，是馮先生對兩個不同年代產生的《新編》所作的歷史與精神的反思，同時也是他對1949年以後自己走過的坎坷的人生道路、學術道路的總結和反思。

基於對中華民族的未來及其文明發展的關切，馮友蘭先生從未停止過自己的學術創作和學術思考。他的學術創作的動力、學術的生命正是來源於對中華民族五千年文化的承傳，他的學術韌性和百折不回的執著精神，也正是來源於對中華文化承傳的使命感。他確實是“一代文化託命之人”。正因為如此，他重又開始了對《新編》的修訂。這時有人勸他不必再修訂了，應該從第三冊開始繼續寫下去，否則時間來不及了，將成為永久的遺憾。但他不以為然。他為自己定下一個計劃：不但要把前兩冊重新修訂好，而且要把《新編》全部完成，計劃《新編》共寫七冊。1980年時才剛剛開始修訂一、二冊，以後的五冊待何時完成？“志道精思，未始須臾息”；“火傳也，不知其盡也”。馮友蘭先生以驚人的毅力和堅定的信念，終於又用十年的工夫，完成了七卷本的《新編》。《新編》完成了，馮先生的生命也結束了。這難道是一種巧合嗎？很難設想，一位從85歲至95歲的老人，竟用十年的時間寫出約一百五十萬字的中國哲學史，這在古今中外的歷史上也是極為罕見的。可以說，這位偉大的哲學家在中國學術史上乃至世界學術史上創造了一個奇蹟。

《中國哲學史新編》的突出特徵是：把哲學的歷史與歷史的哲學兩條線索交織在一起進行論述，不僅成就了一部中國哲學的歷史，同時也成就了一部中國的歷史哲學。

從哲學史的角度講，《新編》最值得關注之處有兩點：其一，《中國哲學史》（兩卷本）沒有講到近現代，因為當時中國的近現代哲學體系還沒有出現。《簡史》在近現代部分只講了馮友蘭的新理學。《新編》在《簡史》的基礎上又加進了金岳霖的哲學作為對“近代化時代中的理學”的補充，同時還寫了“近代化時代中的心學”一章，專門介紹熊十力哲學。這就使得中國哲學的歷史更系統、更完整了。其二，《新編》不僅比以史料充實而見長的《中國哲學史》（兩卷本）所使用的史料更加完備，比以邏輯分析見長的《簡史》更加強了邏輯分析，而且還在前兩史的基礎上突出了對精神境界的論述。這與他把哲學定義為“人類精神生活的反思”，把哲學的功用規定為提高人的精神境界，是緊密相關的。在講孟子時他說：“《孟子》中‘浩然之氣’章是孟軻言論中的重要部分。它不是講道德教條，而是概括地講一種精神境界。他不僅是概括地描述了這種精神境界，而且比較詳細地闡述了達到這種境界的方法”。“無論如何‘浩然正氣’這四個字到現在還是一個常用的辭彙，這是中國文化中的一個辭彙。懂得了這個辭彙，才可以懂得中國文化和中華民族的精神”。在講魏晉玄學時他說：“玄學‘辯名析理’的方法提高了中國哲學的理論思維能力，它所講的‘後得的混沌’提高了人的精神境界，它所闡發的超越感，解放感，構成了一代人的精神面貌，所謂晉人風流。”在講宋明道學時他說：“道學家們都是批判玄學的，但他們之間的共同之處也還是不少。其共同處就是他們都講到了人的最高的精神境界，即天地境界。貴無論的缺點是它把這種精神境界和社會倫常日用對立起來了，用我在《新原道》的話說，玄學是極高明而不道中庸。宋明道學是教人在社會的倫常日用中達到天地境界。這就糾正了貴無論的缺點，把中國哲學的發展又提高了一步。”馮先生對從先秦到宋明的境界論做了詳細地梳理和分析之後指出：“表面上看，窮物理的目標是增加知識，窮人理的目標是提高精神境界，二者之間似乎有矛盾。這是由於對增加知識和提高精神境界的關係認識不夠全面，思想上有了‘彎’沒有轉過來。不僅朱熹是如此，他的批評者陸九淵也是如此。”這也就是說，在境界論上取得了最高成就的宋明道學，也只基本解決了極高明與道中庸的關係問題，而對於增加知識與提高精神境界的關係問題仍然沒有解決。

從歷史哲學的角度看，《新編》通過對中國古代哲學的整理研究，注意了中國哲學產生、發展及其演變的文化環境和政治、經濟背景，對中國歷史上（尤其是近現代史上）發生過的各種文化現象和重大社會事件，從哲學的高度進行了深刻而精闢的分析。在談到洪秀全和太平天國時馮先生指出："在一種社會大轉變的過程中，有些社會力量順着歷史發展的主流推動歷史前進；也有一些社會力量違反社會發展的趨勢，把歷史拉向後退。在中國社會第二次大轉變的發展過程中，歷史的主流是近代化，其主要的內容是振興工業，提倡科學和技術，這是近代維新的主流。從本章的分析看，洪秀全的宗教宣傳和太平天國的神權政治是逆流而行，把中國歷史拉向後退。推向前進或拉向後退是評價歷史人物的最高標準。"在談到曾國藩和"同治維新"時馮先生指出："西方的近代化是由於產業革命，用以蒸汽為動力的機器進行社會化的大生產。這種社會化的大生產，要有個社會力量來帶動，在西方就是以商帶工，這在馬克思《共產黨宣言》講得很清楚。——曾國藩也知道西方議會制度，在議會中作為資本家的商人可以控制政權，使君主聽其指揮，但這正是曾國藩所要避免的。他最怕的是商人成了資本家，會憑議會的力量指揮君主，所以主張以政帶工，而不許以商帶工"。"總起來說，曾國藩鎮壓了太平天國，阻止了中國的中世紀化，這是他的功；他的以政帶工延遲了中國近代化，這是他的過。——所謂同治維新基本上都是這種思想支配的，那種維新表面上看似乎是把中國的近代化推進了一步，其實是延遲了中國的近代化"。在談到毛澤東和中國現代革命時馮先生指出："關於革命的任務和革命的性質的關係的問題王夫之有兩句話說得最簡明：'有因事以求理，無立一理以限事'。革命的性質就是'理'，革命的任務就是'事'。"新民主主義革命成功的原因，是由於遵循了"因事以求理"的原則；社會主義建設中所犯的錯誤，是由於"立一理以限事"而造成的。馮先生這些具有極強的現實性和充滿了哲學睿智的洞見，對於被極左路線禁錮了多年的中國思想界起到了振聾發聵的作用。

《新編》的近現代部分是1986年之後寫的。當《新編》寫到第五冊（宋代）時，馮先生的視力與聽力均已衰退。由於不能看書，想要翻書找到材料已經是不可能了。查材料可以由別人幫助，找材料別人很難幫助，"因為有的材料是可遇而不可求的"。從1986年至1990年四年間，馮先生就是這樣在"以心治"非以目治的情況下寫完了《新編》第五、六、七三冊。他在回顧當時的狀況時說，他只能在已經掌握的材料中發現新問題，產生新理解，就像一個反芻動物，"把已經吃進胃裡的草料，再吐出來，細嚼慢嚥"。或可以說，馮先生對《新編》後三冊的寫作，已經進入較為"自由"的階段。這是因為他對已經掌握的材料又經過反覆咀嚼、消化，產生了新的認識。這也是他在粉碎"四人幫"以後總結經驗和教訓，"決定在繼續寫《新編》的時候，只寫我自己在現有的馬克思主義水平上對於中國哲學和文化的理解和體會，不依傍別人"（1980年版《新編》第一冊"自序"）。

在《新編》第七冊寫作之前，馮先生自己便有一個說法。他說："《新編》的第七冊，從形式上看，與一般的哲學史書稍有不同，它將不是以派別為綱，而是以問題為綱。它將討論的問題也就是建設有中國特色的社會主義的過程中所遇到的問題。以前六冊所講的那些來龍去脈，都要在這裡結束；一切線索，都要在這裡歸宗。譬如畫一條龍，先畫出來的是東鱗西爪，後來把它聯繫起來，最後給它點上一對眼睛，畫龍點睛之後，就有一條龍活靈活現地出現在紙上了。中國哲學就好像一條龍，前六冊是'東鱗西爪'，第七冊是'畫龍點睛'。"(《〈中國哲學史新編〉回顧及其他》)。

《新編》共分七冊八十一章，其最後一章的題目為《〈中國哲學史新編〉總結》。"總結"分為兩個部分：其一是從中國哲學的傳統看哲學的性質及其作用；其二是從中國哲學的傳統看世界哲學的未來。

關於哲學的性質及其作用，他進一步闡發了上世紀40年代"新理學"的說法，認為哲學的功用是提高人的精神境界，而這一境界的最高表現是儒家"民胞物與"的"仁"的境界。在此他對宋明道學家們還沒有解決的問題即增長知識與提高精神境界的關係問題也做出了解答。他說："哲學家對於哲學中的主要概念，不僅要有理智的理解，而且要有直覺的感受。——概念與直覺，不可偏重，也不可偏廢。理學和心學的分歧，其根源就在於此。理學偏重分析概念，心學偏重運用直覺。——如果認識到真正的哲學是理智與直覺的結合，心學與理學的爭論亦可以息矣。"

關於世界哲學的未來，他從對中國哲學和馬克思主義哲學中的辯證法思想的重新理解入手，高度評價了宋儒張載的"仇必和而解"的思想。他特別強調說："現代歷史是向着'仇必和而解'這個方面發展的，但歷史發展的過程是曲折的，所需要的時間，必須以世紀計算……人是最聰明的、最有理性的動物，不會永遠走'仇必仇到底'那樣的道路。這就是中國哲學的傳統和世界哲學的未來。"

馮友蘭先生以上述這段話結束了《新編》第七冊的寫作，結束了整部《新編》的寫作，也結束了他一生的寫作。《新編》燃燒了他的全部生命，凝聚了他一生的心血，同時也完成了他向自己的回歸，實現了他"闡舊邦以輔新命"的心願。

11. 歷史的評説　永恆的懷念

1990年11月26日20時45分，馮友蘭先生與世長辭，一盞智慧的明燈熄滅了。然而，對於像馮友蘭先生這樣一位哲學家來説，生與死非如常人之所縈懷，這正如陶淵明所説："三皇大聖人，今復在何處？彭祖愛永年，欲留不得住。老少同一死，賢愚無復數……甚念傷吾生，正宜委運去。縱浪大化中，不喜亦不懼。應盡便須盡，無復獨多慮。" 馮先生生前對生與死似乎有更高一層的思考。他曾引郭象《逍遙遊註》説："齊死生者，無死無生者也。苟有乎死生，則雖大椿之與蟪蛄，彭祖之與朝菌，均於短折耳。"對於生死，有天地境界的人，"其身體隨順大化，以為存亡，但在精神上他可以説是超死生的"（《新原人》）。

馮先生的生命雖然結束了，但他的精神卻沒有死。馮先生辭世的第二天，《人民日報》、《光明日報》等各報刊轉載了新華社發佈的馮先生去世的消息並附先生遺像。同日，在海峽彼岸，台灣的《中國時報》、《中央日報》、《聯合報》等亦發佈先生去世的消息。此後，《紐約時報》、《歐洲時報》、《歐洲日報》、《讀賣新聞》，中國台灣《中國時報》、《民生報》及中國大陸《人民日報》、《光明日報》等各報刊，紛紛報道或刊登紀念文章。《人民日報》在報道中説："馮友蘭是近代以來中國能夠建立自己體系的少數幾個哲學家之一。他的思想在現代中國哲學史上佔有重要地位"；"馮友蘭始終是一位愛國者。他一生致力於研究和傳播中國文化"；"'文革'中他曾被作為反動學術權威加以不公正的批判，身心受到了很大摧殘。粉碎'四人幫'以後，特別是黨的十一屆三中全會以來，他不顧年邁，用十年時間寫成七卷本《中國哲學史新編》，把餘生獻給了建設有中國特色的社會主義事業。"

季羡林先生在《人民日報》發表的悼念文章中說：“芝生先生走過了95年的漫長的人生道路。95歲幾乎等於一個世紀。自西元建立後，至今還不到20個世紀。芝生先生活了西元的二十分之一。他一生經歷了清代、民國、洪憲、軍閥混戰、國民黨統治、抗日戰爭，一直迎來解放。道路並不總是平坦的，有陽關大道，也有獨木小橋，曲曲折折，坎坎坷坷。然而芝生先生以他那奇特的樂觀精神和適應能力，不斷追求真理，追求光明，忠誠於自己的學術事業，熱愛祖國，熱愛祖國的傳統文化，終於走完了人生長途，仰不愧於天，俯不怍於地……他完成了人生的義務，擲筆逝去，把無限的懷思留給了我們。”

張岱年先生在《人民日報》撰文說：“馮友蘭先生一生有三件大事：第一是30年代之初出版了開新紀元的哲學史專著《中國哲學史》兩卷本，被國內外譽為劃時代的哲學史著作，第二是在抗日時期提出了‘新理學’的哲學體系，第三是從50年代開始努力運用馬克思主義的立場、觀點、方法撰寫《中國哲學史新編》。”“馮友蘭先生的一生，是努力追求真理的一生，是表現了誠摯的愛國主義精神的一生。”

著名華裔學者傅偉勳先生在台灣《中國時報》撰文說：“我對馮氏的學術評價是自認客觀，不必收回。不過。我對他晚年的行為表現所作的苛評，今天重新‘蓋棺論定’，應該收回”。“包括‘文革’在內的近現代中國歷史變遷，如此錯綜複雜，我們千萬不能針對個人去作歷史的以及道德的評價。我們必須從多種角度去多次考察整個事件、整段歷史的前因後果，來龍去脈”。“馮友蘭本來是個為人單純的哲學家，他一心一意所要做的，也不過是開發動用內外資源，打開一條中國思想文化的現代化道路。他萬萬沒有想到，自己這麼一個性格單純的學者，只因極端愛國，終於不知不覺捲入政治漩渦，變成現代中國知識分子的苦難象徵。馮氏剛剛仙逝不久的今天，我們不但應該悼念他，也同時應該悼念中國近代史上由於愛國而遭受苦難的無數人民。”

古代大哲有言："不失其所者久，死而不亡者壽。"不失其所者，不離本根之謂；死而不亡者，身歿而道猶存也。對於馮先生來說，中華民族及其文化的前途、命運即是他的"本根"。他一生所蒙懷與牽掛的即是"周雖舊邦，其命維新"。這本根，既是馮先生學術生命的源頭活水，又是馮先生學術生命的根本動力。

馮友蘭先生是中國現代史上傑出的思想家、哲學家，是在中國學術史、中國思想史、中國哲學史諸領域作出了重要貢獻的偉大學者。他的一生，僅差十年，便跨越了整整一個世紀，而這個世紀恰恰是人類歷史上光明與黑暗、真理與謬誤、理想與強權、智慧與愚昧激烈搏鬥的世紀。從歷史的角度說，馮友蘭先生經歷了劇烈衝突而又充滿希望的世紀；從人生的角度說，他又是一位飽經世變、歷經坎坷的歷史見證人。他是懷着哲學家的冷峻和對人類愛憐的真心，懷着對中華民族及其文化無比執着的追求而辭世的。他的人生旅程完全是用生命作燃料，進行着不懈的努力、不倦的思考和不朽的創作。他的一生給人們留下了豐厚的精神文化遺產和永恆的懷念。

◎ 附錄三

馮友蘭先生主要著作書目

1. **《人生哲學》**1926 年，商務印書館（收入《三松堂全集》11 卷）
2. **《中國哲學史》**上冊1931年，神州國光社，上下冊1934年，商務印書館（收入《三松堂全集》2 、3 卷）
3. **《新理學》**1939 年，商務印書館（收入《三松堂全集》4 卷）
4. **《新事論》**1940 年，商務印書館（收入《三松堂全集》4 卷）
5. **《新世訓》**1940 年，商務印書館（收入《三松堂全集》4 卷）
6. **《新原人》**1943 年，商務印書館（收入《三松堂全集》4 卷）
7. **《新原道》**1945 年，商務印書館（收入《三松堂全集》5 卷）
8. **《新知言》**1946 年，商務印書館（收入《三松堂全集》5 卷）
9. **《中國哲學簡史》**（英文）1948 年，紐約麥克米倫公司（中譯本由北京大學出版社於1985年出版，涂又光譯。收入《三松堂全集》6卷）
10. **《三松堂自序》**1984 年，三聯書店（收入《三松堂全集》1 卷）
11. **《三松堂學術文集》**1984 年，北京大學出版社（收入《三松堂全集》11 卷）
12. **《馮友蘭英文著作集》**1991 年，外文出版社
13. **《中國哲學史新編》**1-6 冊，1982-1989 年，人民出版社（前 4 冊收入《三松堂全集》8 、9卷）；1- 7 冊，1991 年，台灣藍燈文化事業股份有限公司；7 冊，1992 年，香港中華書局（易名為《中國現代哲學史》）
14. **《三松堂全集》**1- 9 、11- 14 卷，1985- 1995 年，河南人民出版社（第 10 卷擬收《中國哲學史新編》5 、6 、7 冊，因第 7 冊大陸至今未能出版，故第 10 卷亦未能出版）